El chico de las musarañas

ALESS LEQUIO
ANA OBREGÓN

El chico de las musarañas

HarperCollins

Cualquier forma de reproducción, distribución, comunicación pública o transformación de esta obra solo puede ser realizada con la autorización de sus titulares, salvo excepción prevista por la ley.
Diríjase a CEDRO si necesita reproducir algún fragmento de esta obra.
www.conlicencia.com - Tels.: 91 702 19 70 / 93 272 04 47

Editado por HarperCollins Ibérica, S. A.
Avenida de Burgos, 8B - Planta 18
28036 Madrid

El chico de las musarañas
© 2023, Ana Victoria García Obregón
© 2023, para esta edición HarperCollins Ibérica, S. A.

Todos los derechos están reservados, incluidos los de reproducción total o parcial en cualquier formato o soporte.

Diseño de cubierta: CalderónSTUDIO®
Foto de portada: Víctor Cucart / *Hola*
Foto de solapa de Aless Lequio: Víctor Cucart / *Hola*
Foto de solapa de Ana Obregón: Cedida por la autora
Maquetación: MT Color & Diseño, S. L.

ISBN: 978-84-9139-904-9
Depósito legal: M-4879-2023
Impreso en España por: BLACK PRINT

Fundación Aless Lequio

Los beneficios de los derechos de autor de esta obra serán donados a la Fundación Aless Lequio para la investigación contra el cáncer.

Para mi hijo Aless, el amor de mi vida

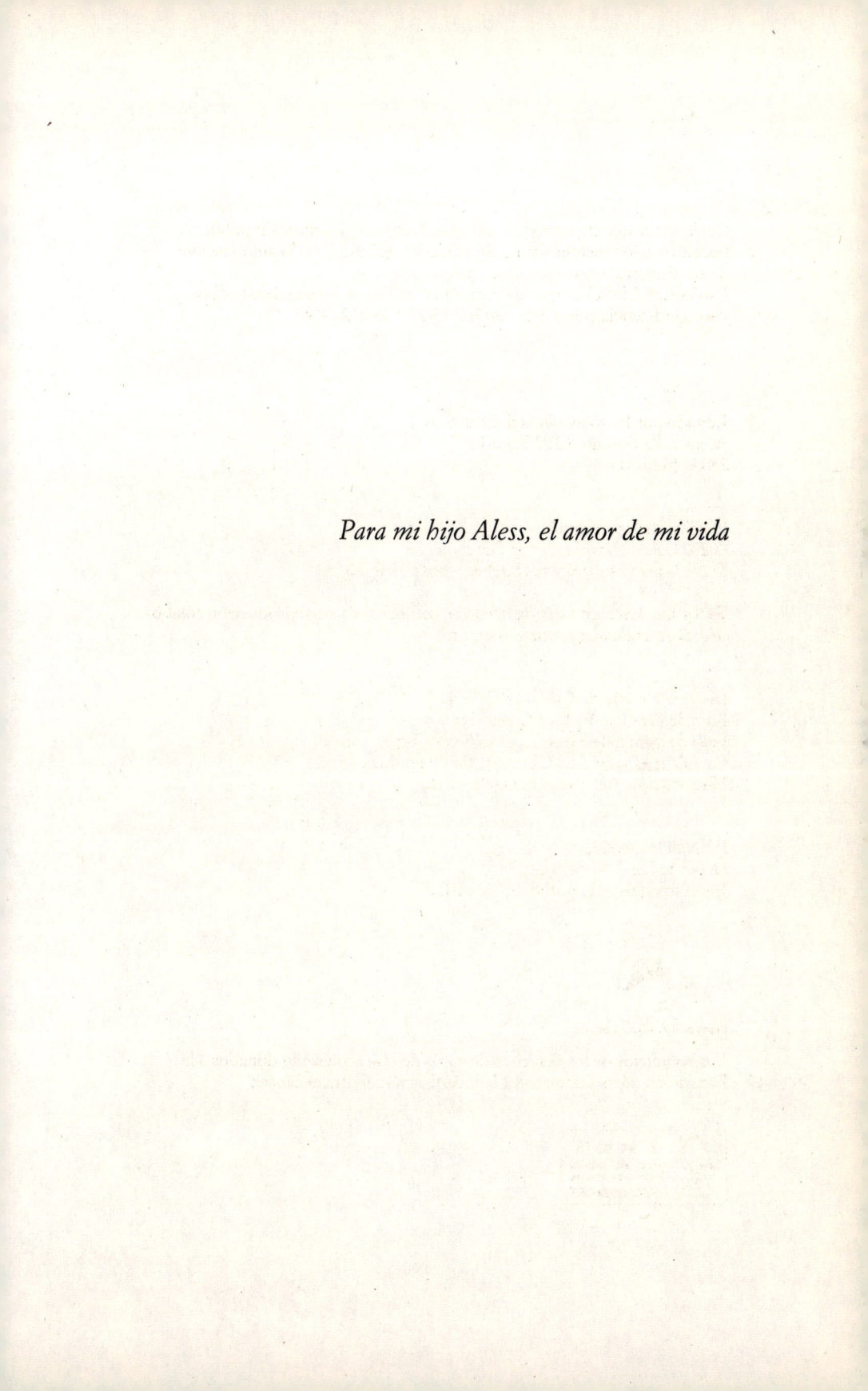

ÍNDICE

1. Puto 23 de marzo 11
2. Prohibido llorar 33
3. *Fuck* cáncer 69
4. Mamá, quiero vivir 111
5. Aless escritor 151

El chico de las musarañas
por Aless Lequio

Capítulo primero. Valientes cabrones 159

Capítulo segundo. Nalgas y más nalgas 191

Capítulo tercero. El bache 217

A la atención de… 227

Empatía: la magia de existir 229

6. «Estás curado» 233

7. La última batalla 263

Epílogo 307

Agradecimientos 315

1
Puto 23 de marzo

El viaje más largo empieza por el primer paso.
Aless Lequio

Está amaneciendo en El Manantial, la casa que construyó mi padre en la Costa de los Pinos de Mallorca hace cincuenta años. Emerge majestuosa sobre una multitud de pinos centenarios, abrazando el mar con una infinita terraza, y su suelo turquesa en los atardeceres de verano se fusiona con el azul del Mediterráneo y del cielo.

La casa de mis interminables vacaciones de adolescencia, mis primeros amores, besos y desamores. Siempre estaba abarrotada de diferentes tribus de todas las edades, que incluían a los amigos de mis cuatro hermanos y a los míos, rebosaba música, ilusión y juventud por cada esquina.

Hasta que llegaste tú, ese junio de 1992, inundando cada habitación con tus rizos rubios y tu risa que provocaba en mí ese sentimiento de amor puro desconocido hasta entonces, ese sentimiento que agrandó mi corazón hasta el infinito.

La misma casa donde pasaste tu primer y último verano. Tu padre y yo te trajimos con un mes recién cumplido, aquí dijiste tu primera palabra: «solito». Y solito hiciste todo en esta vida, siempre intentando mantenerte al margen de la fama de tus padres.

Tu segunda palabra también la pronunciaste aquí. Las horas de la comida eran una locura donde las mamás orgullosas poníamos la mesa de mármol que diseñó tu abuelo con una fuente en medio de caracolas. Allí, rodeado de tus primos —que apenas levantaban un palmo de estatura— y en el momento en que te estaba dando una papilla, pronunciaste esa segunda palabra: «papá».

Ese «papá» me cabreó mucho, muchísimo, tanto que te repetía constantemente como un mantra:

—Mamá, mamama...

Pero no hubo manera hasta meses más tarde a la hora del bañito. Rodeado de espuma y peces de mil colores, alzaste la vista y, mirándome dulcemente con esos inmensos ojos color avellana, me dijiste:

—Mamá, *peciosa*.

Sin la erre, que tardó un mes más en llegar. Y eso, te puedo asegurar, Aless, es lo más bonito que me han dicho y me dirán en mi vida.

Adorabas esta casa. Aquí me regalaste los momentos más felices: tus primeros chapuzones en el mar, los gateos a toda velocidad entre los naranjos del jardín, las infinitas travesuras y tus salidas a discotecas que me mantenían en vela hasta que llegabas con tus diez primos a altas horas de la madrugada, liándola parda, aunque gracias a Dios nunca despertabais a tus abuelos, que dormían como troncos gracias al Stilnox que incluían como postre en sus cenas. Lo cual no me extrañaba nada, teniendo las habitaciones llenas de cinco hijos con sus parejas y diez nietos.

En mi caso me hacía la dormida, pero cerraba los ojos tranquila sabiendo que ya estabas aquí. Tal vez esta sea la razón por la que no pueda dormir desde que te fuiste, porque no sé dónde estás, quizás al otro lado de esa tela sutil que bordo cada día con mi imaginación, en otra realidad, en algún paraíso eterno, en esa estrella lejana.

Eras tan feliz en esta casa que un día, con tan solo doce años, me dijiste:

—Mami, nunca la vendáis, pase lo que pase.

Cada verano desde que eras pequeño escribías una nota que escondías para leer el verano siguiente. Como si quisieras asegurarte de alguna forma volver cada año. Ayer las encontré todas en tu cuarto escondidas en un osito de peluche que te regalé de niño. No fui capaz de leerlas, solo el final de tu última carta que decía: «Hasta el año que viene, Manantial...».

Esta casa que respiraba amor por cada rincón ahora llora tu ausencia y la inunda un silencio insoportable. Está vacía de ti, de mamá, de todo...

Me siento como si flotara en un espacio sin tiempo donde los dos nos hemos instalado.

He coleccionado tantos momentos únicos de felicidad contigo que me dan un poquito de luz en esta oscuridad en la que intento vivir. Nunca me permitiría dar un consejo a nadie, pero a los que estáis leyendo estas palabras os diría lo que tú me ensañaste: coleccionad momentos, no cosas. Porque Dios no lo quiera, pero quizás algún día los necesitéis para seguir viviendo.

Tantos recuerdos se agolpan en mi memoria que no me he dado cuenta de que ya ha amanecido.

Desde mi habitación puedo ver cómo empieza a dibujarse la tenue línea que separa el mar del cielo.

A la vida de la muerte.

A ti de mí.

Algún día me gustaría perderme en ese mar turquesa en un alba silenciosa para estar más cerca de ti. Sin embargo, aquí sigo, mi tercer verano sin ti, mi segundo verano sin mi madre, cuidando de papá y escribiendo con letras rojas esta historia.

En estos dos años de duelo he aprendido que las lágrimas son el lenguaje silencioso del dolor. Y que son necesarias. Así que permitiré que corran por mis mejillas mientras escribo la historia de amor más bonita y cruel jamás contada. Nuestra historia.

Todo empezó un 23 de marzo hace cuatro años.

Pero no era un 23 de marzo cualquiera.

Era un «puto 23 de marzo de 2018», como lo bautizamos entre risas durante tu enfermedad, el día en el que sin saberlo empezamos a morir los dos.

El agua caliente resbalaba por mi cuerpo. Tenía exactamente treinta minutos para ducharme, maquillarme, vestirme y asistir a la fiesta de fin de rodaje de *Paquita Salas,* la serie que había rodado con mis queridos Javis. Se me había hecho tarde con los ensayos de la obra de teatro que estaba a punto de estrenar, aún no había leído los guiones que me habían mandado para mi próxima serie. Ni siquiera había sacado a pasear a nuestra perrita, Luna. La *golden* blanca, mamá de trece cachorros que nacieron en casa, tu mejor amiga y compañera de juegos desde muy pequeñito. La que ya de mayor dormía acurrucada a tu lado todas las noches. A pesar de que tenía quince años y estaba muy viejecita, te esperó en la puerta de casa los cuatro meses que estuvimos en el hospital. Cuando vio que regresaba sola, murió de pena solo seis días después de tu partida.

Me había quedado absorta bajo la ducha, llegaría tarde a la fiesta y, sin embargo, dejé que las gotas hirviendo cayeran por mi cara, cerré los ojos y pensé que era la mujer con más suerte de este mundo porque lo tenía todo. No sé por qué tengo ese momento grabado en la memoria.

En décimas de segundos analicé qué era «todo» para mí. Curioso.

«Todo» no era la suerte y el privilegio de haber podido trabajar cuarenta años en mi pasión, ni siquiera haber conseguido mi sueño de ser actriz protagonizando series, películas, programas, portadas, alfombras rojas y demás coñazos, que son un efecto secundario de la fama.

«Todo» no era haber tenido historias de amor bonitas, apasionadas, jodidas, únicas.

«Todo» era tener un hijo que me hacía sentir no solamente la madre más orgullosa del mundo, sino la mujer más feliz sobre la tierra, interpretando el único papel que había dado sentido a mi vida: el de madre. Con mayúsculas.

«No puede ser que haya tenido tanta suerte en la vida», me dije. Ahora he aprendido que nunca hay que pensar esas cosas. Donde pones la atención, mandas la energía y consigues que lo que pensaste suceda. Sin darte cuenta, tú mismo creas tu propia realidad.

Maquillada y vestida de Ana Obregón con unos tacones bien altos, me dirigía a la fiesta con un precioso vestido midi ajustado palabra de honor. Entonces me vestía con muchos colores. El rojo siempre fue mi preferido. Si entrabais en mi clóset estaba lleno de cientos de trajes, zapatos, bolsos…, aunque nunca di la mayor importancia a cómo iba vestida ni a seguir tendencias. Sobre todo, desde que nació mi hijo, mi armario era mera necesidad por mi trabajo, trapitos para multitud de eventos, alfombras rojas y esos rollos que nunca me gustaron. Ahora mi armario se ha reducido a una silla en mi dormitorio con un montón de ropa blanca y negra apilada. Por mi luto.

A veces echaba en falta algún vestido bonito, pero lo achacaba a mi tremendo despiste —que tú heredaste— por haberlo olvidado en algún camerino al terminar la grabación. Hasta que un día descubrí a través de una amiga que lo vendías en eBay: «El vestido de Ana Obregón: sesenta euros». Sonreí. Tenías nueve años y ya empezabas a ser el gran emprendedor en el que te convertirías con veinticinco. Qué excelente empresario —como tu abuelo, al que admirabas tanto— hubieras llegado a ser si el maldito cáncer no te hubiera robado tu futuro.

Un día un vecino me contó que montabas un tenderete en la acera de la urbanización vendiendo fotos mías. Por cada una que te compraban regalabas un vaso de zumo de limón. En ese momento entendí por qué cada verano me pedías jarras y jarras de zumo de limón con azúcar y mucho hielo. Para poder irte a jugar a casa con la Play dejabas a Javi, tu amigo de la urba, al mando del tenderete. Al final del día le pagabas un euro de lo recaudado y se iba dando saltos de alegría. Todo un empresario de ocho años.

Tiempo más tarde me enteré de que todo lo que ganabas se lo dabas a una viejita que venía siempre a pedir dinero a la puerta de casa. Así eras tú desde pequeñito: ingenioso, generoso y solidario.

De camino a la fiesta miré el móvil que suelo llevar en silencio. Veinte llamadas perdidas: dieciocho de trabajo y dos de mi hijo. Esto último me sorprendió, mi hijo trabajaba tanto que era muy difícil que contestara mis llamadas durante el día. Es más, nunca me contestaba, pero, si había pasado un día sin hablar cada noche, recibía su mensaje de buenas noches con un «te quiero mucho, mamá». Y yo dormía como un bebé al escuchar lo más bonito que me han dicho en mi vida.

Reconozco que soy una madre pesada, una madre gallina que protege a su único polluelo, como me enseñó mi adorada madre, pero qué madre no se preocupa de su hijo, aunque tenga veinticinco años, se haya independizado y tenga novias.

—Mamá, me muero de dolor, me voy a urgencias —contestó al otro lado del teléfono con un hilo de voz.

No era su voz, su voz era siempre enérgica y dulce a la vez.

Y ahí entra en juego la intuición de una madre, de una mujer o ese sexto sentido que, aunque la ciencia no haya descubierto aún, estoy segura de que está en los genes. Esa llamada de mi hijo pidiendo ayuda, cosa que no hacía nunca, me activó como un clic interior de que algo no tan bueno iba a suceder.

Llevábamos casi tres meses en urgencias, viendo doctores por sus dolores terribles que me intentaba ocultar porque no le gustaba quejarse. Que si gastroenteritis, hemorroides, una cremita y a casa.

—Mi vida, no puedes seguir así. Voy a toda leche para allá y nos vamos al hospital que es el mejor —ordené casi gritando mientras le pedía al conductor que hiciera un giro de ciento ochenta grados hacia nuestro nuevo destino.

Hacía mucho frío para ser marzo, llovía a cántaros y allí estaba de pie, con su metro noventa y seis de altura, sus vaqueros destrozados que no se quitaba de encima y sus preciosos rizos mojados que cubrían su cara de dolor.

Creo que llegamos al hospital en cero segundos. Durante el trayecto solo una frase mía, típica de madre:

—Tranquilo, que no va a ser nada.

Pero el dolor no le dejó ni contestarme. Quería llamar a su padre, pero esperé a hacerlo desde el hospital. Menos mal que a esas horas en urgencias no había nadie. Entramos corriendo. Aless encorvado y cojeando.

—¿Tanto te duele, hijo? —le pregunté.

—Me duele de cojones, mami, lo de cojear es porque me da más clase.

Nunca perdía su sentido del humor.

El doctor me pidió que saliera de la habitación mientras le examinaba y hacían las analíticas de sangre correspondientes.

No sé si os pasa a vosotros, pero siempre me había mareado ver cómo hacen una analítica de sangre. Cuando Aless era pequeño, le sujetaba en brazos y era incapaz de mirar.

—Mami, eres una cagada —me decía.

Quién me iba a decir que después de los cientos de analíticas, vías en las venas, quimios, dejaría de ser esa mamá cagada. Ojalá no hubieras tenido que vivir ese infierno, ojalá me hubiera pasado a mí.

—Voy a llamar a papá —le dije entrando en la habitación de urgencias.

Estaba muy nerviosa, pero hice un esfuerzo para transmitir calma.

—¡Sí, mamá, llámale ya! —me contestó más tranquilo porque los calmantes por vena habían empezado a hacer su efecto. Su padre siempre le daba seguridad.

Aless y su padre eran los mejores amigos del mundo. Me asustaba a veces su increíble complicidad, pero me hacía muy feliz no haber impedido que con las tonterías de padres separados estuviera cerca siempre de él.

El doctor se aproximó despacio, no sé si para tranquilizarme o para ponerme aún más nerviosa.

—Le he puesto calmantes en vena, pero en el tacto rectal he visto que tiene un absceso.

—Pero ¿qué es eso, es grave?

—No, pero tenemos que operar antes de que la infección provoque septicemia y tiene que ser ahora.

—¿Ahora al quirófano?

—Ahora mismo, ¿ha comido o bebido algo? —me preguntó el doctor.

—Ay, Dios, le he dado una Coca-Cola mientras esperábamos los resultados.

—Tendremos que esperar unas horas por la sedación, le operaremos a las diez de la noche —confirmó el doctor bastante serio.

De verdad, nunca entenderé por qué a los doctores se les pone esa cara de juez que va a sentenciar tu pena de muerte cuando te van a decir algo.

—No es nada, una idiotez de absceso que se quita y ya está —repetía una y otra vez en voz alta para tranquilizar a mi hijo y de paso a mí.

—Mami, llama a Il Capo, por favor.

Así llamaba Aless a su padre. Tuvo una creatividad enorme desde siempre para inventar apodos. Cuando era pequeño yo era mamá preciosa, pero en sus últimos años de enfermedad pasé a ser mamá biónica, me imagino que por la fortaleza de la que ahora carezco.

Llamé a su padre, pero con los nervios la vista se me nubla y mi miopía aumenta. Siri es siempre una buena aliada para llamar en esos momentos críticos.

—Siri, llama a papá... Llama a Alessandro —ordenaba a Siri intentando ocultar una voz temblorosa para que mi hijo no notara mi preocupación.

Alessandro me conoce muy bien, después de mi hijo es la persona que mejor me conoce.

—Estamos en el hospital en urgencias. Ven.

Nada más escucharme lo entendió todo. El tono de mis palabras bastó para que cogiera el coche y arreara a toda velocidad al hospital sin más explicaciones.

Entró como un vendaval en la habitación de urgencias.

—¡¡Mi vida, *cazzo* que *cazzo*!! ¿Estás bien?

—Me tienen que operar un absceso, no es nada, tranquilo, papá, hay que esperar unas horas —dijo tranquilizándole como siempre solía hacer.

—¿Operar? ¡*Cazzo* que *cazzo*, noooo! ¿Te han hecho

la prueba de Willebrand? Que es hereditario y yo lo tengo.

Yo sabía que la enfermedad de Von Willebrand es parecida a la hemofilia, la sangre no coagula bien y podría tener una hemorragia durante la operación. De pequeño ya le hicimos la prueba de la hemofilia por sus genes Borbón. Hay que fastidiarse que los genes García fueran mejores que los de la realeza.

Enseguida llamamos al doctor para comunicárselo. Cancelaron la operación hasta tener los resultados a primera hora de la mañana siguiente y nos subieron a planta.

Habitación 221.

No me lo podía creer. La misma donde naciste.

La habitación que más he amado y odiado en mi vida.

Nos quedamos solos, eran las nueve de la noche, Alessandro padre se marchó a su casa para regresar a primera hora y estar en la operación.

No quise llamar a mis padres ni a mis hermanos, no quería preocupar a nadie. Desde pequeñita me bautizaron como el «cascabel de la casa», siempre estaba alegre, me encantaba que todos a mi alrededor estuvieran felices y rieran con mis payasadas, con un sentido del humor que ya he perdido, ese sentido del humor que heredó mi hijo, aunque no sería justa si no dijera que su padre lo tiene a raudales, uno de los motivos por los que me enamoré de él.

En la tele ponían *Gladiator,* tu película favorita, la que viste en el cine con tu padre por primera vez y luego un millón de veces más. La última película que vimos juntos en el hospital de Barcelona. Sabías de memoria los diálogos. Quién te iba a decir en ese momento que el coraje, valor y honestidad de su protagonista iban a ser la huella que dejaras en este mundo para que todos fuéramos mejores personas.

Desde la cama me sonreías para tranquilizarme. Me acurruqué en el sofá a tu lado aún vestida de fiesta, disponiéndome a pasar la que creí la noche más horrible de mi vida. Qué ilusa, todavía no sabía lo que de verdad eran noches en el infierno. Los calmantes en vena te habían quitado el dolor y observé más tranquila cómo poco a poco te quedabas dormidito.

Alguien me tiene que explicar alguna vez por qué una madre cuando ve a su hijo dormir tranquilo siente una paz infinita.

No habían pasado ni treinta minutos cuando entró el doctor. Hablaba de forma acelerada. No se podía esperar al resultado de la prueba de coagulación, había que operar ya, en la analítica los leucocitos estaban demasiado altos y era necesario extirpar el absceso.

—Doctor, son las doce de la noche, ¿nos vamos a arriesgar? ¿Y si le da una hemorragia? —alcancé a preguntar muy agobiada.

Intenté llamar a su padre, pero a esas horas había desconectado el móvil con la tranquilidad de que la operación sería a primera hora de la mañana.

Estaba claro que esta pequeña batalla la lucharíamos tú y yo solitos de la mano.

Acompañé a mi hijo hasta la puerta del quirófano. Él me miraba buscando seguridad. Ese día sin saberlo me convertí en el espejo que siempre miraba para tranquilizarse a lo largo de sus dos años de lucha.

Los minutos de espera en la habitación mientras le operaban se hicieron eternos, parecía como si se hubieran solidificado. Durante la primera media hora intenté calmarme. No es nada, como me dijo la enfermera que a su hermano le habían operado de lo mismo. Será una chorrada y mañana a casita. Más relajada me dirigí al fondo del pasillo buscando esas máquinas con comida asquerosa que tienen en los hospitales. No tenía hambre, pero la cabeza empezaba a darme vueltas.

A la una y media de la madrugada mi hijo llevaba casi dos en el quirófano, ni las enfermeras de planta ni nadie me decía nada. Notaba cómo las manos empezaban a temblar y ese optimismo que siempre me ha caracterizado se fue al carajo. Bajé a la zona de quirófanos. Conocer de memoria el hospital en el que estuve meses cuidando a mi madre cuando sufrió el derrame cerebral servía para algo.

—Todo bien, estamos terminando, ahora sube el doctor a la habitación, no puede estar aquí, por favor —me dijo amablemente una enfermera que salía del quirófano.

Respiré.

Di gracias a Dios, al universo o a quien fuera. Gracias, gracias... No paraba de gritar mientras me dirigía a la habitación dando saltos de alegría.

No habían pasado ni quince minutos cuando el doctor entró en la habitación con un gesto serio que no me gustó nada. Utilizando ese optimismo que me caracterizaba me adelanté:

—Ya sé que todo ha ido bien, doctor, gracias, ¿cuándo suben a mi hijo a la habitación?

—Siéntate, Ana.

Seguí de pie, más tiesa que nunca.

—Lo siento, no es un absceso como creímos, es un tumor...

—¿Qué? —pude preguntar con un hilo de voz después de una pausa interminable.

—Es grande, diez centímetros, hemos hecho una biopsia y lo subiremos a planta en breve. Pasará toda la noche dormido por la anestesia.

Mientras le escuchaba, las paredes de la habitación me empezaban a dar vueltas, su voz se volvía lejana como si las palabras se hubieran ralentizado y a cámara lenta fueran apuñalando mi corazón.

No es verdad, eso no estaba pasando, ese momento era fruto de mi imaginación desmesurada o estaba teniendo una pesadilla. Me pellizqué para despertarme.

—A ver, doctor, no estoy entendiendo nada. ¿Cómo que un tumor? Pero ¿cómo es posible si tiene solo veinticinco años? ¿Qué hacemos? ¡¡Me quiero morir!! ¿Es cáncer? Se han equivocado, joder. Dígame que esto no es verdad, se lo suplico —balbuceé compulsivamente sin esperar respuestas mientras las lágrimas rodaban irremediablemente por las mejillas y me derrumbaba en la silla como un peluche de algodón de azúcar.

Silencio. El aire se había vuelto tan denso que me costaba respirar. Hasta había desaparecido el repulsivo olor de los hospitales, ese olor a apósitos con alcohol, antisépticos, muerte y esperanza.

—Tenemos que esperar diez días al resultado de la biopsia. Lo siento de verdad, ahora traemos a tu hijo que dormirá toda la noche por la anestesia —me explicó, y con una palmadita en la espalda vi cómo se alejaba su bata blanca por el largo pasillo del hospital.

Eran casi las tres de la madrugada de un puto 23 de marzo, el día que tú y yo atravesamos un inquietante umbral demasiado oscuro.

La enfermera te trajo en tu cama del quirófano. Tenías una expresión tan dulce, una cara de bebé grande enfundado en un cuerpo de hombre. ¿Cómo te iba a decir que tenías un tumor? ¿Dios mío, qué hacía? ¿Te lo diría por la mañana al despertar? No podía ponerme de pie, las piernas se me doblaban.

Llamé a tu padre otra vez y esta vez contestó. Se había despertado justo en el momento en el que el doctor me comunicaba la terrible noticia. Así son las uniones de los padres con los hijos.

—Dado, nuestro hijo tiene un tumor. —Al otro lado del teléfono silencio. Es la única vez que Alessandro padre no ha podido hablar.

—A las siete de la mañana voy al hospital y se lo decimos juntos —fue capaz de decir entre lágrimas silenciosas que se escuchaban al otro lado.

A través del ventanal vi cómo volvía a llover torrencialmente, hasta la lluvia parecía cabreada con el universo, los truenos iluminaban intermitentemente la habitación.

Era la misma habitación en la que naciste hace veinticinco años. ¡Qué mierda de broma me estaba jugando el destino! Había juntado cruelmente el día más feliz de mi vida con el peor. O al menos eso creía entonces.

Mirando cómo dormías plácidamente ajeno a todo, recordé el momento en el que te pusieron en mis brazos y te vi por primera vez. Nunca te lo dije, pero el día que tú naciste volví a nacer. A lo mejor en realidad no había nacido hasta el día que llegaste. Diste a mi vida el significado que hasta entonces no había encontrado.

Lloramos mucho, tú a grito pelado por entrar en esta vida, yo de emoción por tenerte aquí. Y no dejamos de llorar hasta que te coloqué suavemente junto a mi corazón. Entonces de una manera mágica mis latidos se sincronizaron con los tuyos, y desde entonces laten juntos, y lo harán eternamente, aunque no estés aquí.

¿Sabes una cosa, hijo? Te revelaste en un sueño que tuve bastantes meses antes de venir a este mundo. Ni siquiera había conocido a tu padre. En el sueño tenías dos años, estabas al borde de mi cama sonriendo con tus rizos rubios y esa carita de pícaro. Me llamaste mamá.

Cuando conocí a tu padre sabía que sería él, fuiste tú quien nos eligió. Supe que venías en un viaje a París. Nos habíamos escapado huyendo de los *paparazzi* que no nos dejaban vivir en paz nuestra historia de amor. Probablemente estábamos intentando hacer caso al rey el día que llamó a casa y creí que era una broma.

—¿Está Dado? —preguntó educadamente.

—No está en casa, ¿de parte de quién? —respondí.

—Del rey.

—Ya, y yo soy Caperucita Roja —sentencié mientras colgaba.

Tu padre no tardó ni cinco minutos en llamarme al móvil muerto de risa.

—Has colgado a tío Juanito.

Le pidió que viviéramos nuestra historia sin hacer mucho ruido.

No sé por qué estoy escribiendo esto. Quizás porque el dolor a veces es tan intenso que necesito también recordar momentos bonitos y porque estoy segura de que donde estés, hijo mío, te gustará saber cómo viniste a este mundo.

En ese viaje a París me di cuenta de que llevaba bastante retraso, pero me parecía imposible que llegaras porque tenía puesto el diu.

Mandé a tu padre a la farmacia que estaba siempre abierta en los Campos Elíseos y al hacer la prueba y ver que sí, que iba a ser madre, me pareció imposible tanta felicidad, tanto que obligué a tu padre a hacer pipí en otra prueba pensando que esas pruebas de la farmacia estaban caducadas y daban un falso positivo. Al llegar a Madrid el ginecólogo lo confirmó:

—Te has quedado embarazada a pesar de tener el diu, pasa muy pocas veces.

—¿Y me lo tiene que quitar ahora?

—Claro, no querrás que tu hijo nazca con el diu de pendiente.

Tenías mucha prisa por venir a esta vida.

Naciste del amor. Y naciste en esta habitación muy entrada la noche, aunque con las primeras contracciones llegamos al hospital horas antes perseguidos por una fila de veinte *paparazzi*.

Llegué tirada en la parte de atrás del coche tapada con una colcha ese caluroso y bendito 23 de junio de 1992. Era la noche más mágica del año. Como no podía ser otra para traer a este mundo a la persona más mágica que he conocido en mi vida. Tu padre quiso entrar al quirófano para darme la mano. De poco sirvió, porque cayó al suelo desmayado de la emoción en el momento en el que empezaba a asomar tu cabecita con cinco rizos rubios. Esos mismos rizos que se oscurecieron con la edad y que veinticinco años más tarde asomaban entre las sábanas de la misma cama de hospital.

Había dejado de llover. Intenté lavarme la cara con agua, pero el rímel y el maquillaje que llevaba para la fiesta seguían ahí derretidos. No importaba.

Me miré en el espejo y no reconocí a esa mujer, esa que estaba enfrente no era yo. En una hora me había transformado, envejecido diez años. Ana Obregón se había esfumado. Ya no era la mujer que había conseguido con esfuerzo todo lo que quería en esta vida, de qué coño me servían todas las películas, las series, los premios, el éxito, las historias de amor, la fama, el dinero si no podía asegurarme que podría salvar tu vida.

Pasaría la noche con la esperanza de que la biopsia nos confirmara que era un tumor benigno. Pero algo premonitorio me decía que me iba a tocar ser fuerte.

Me acerqué a tu cama y te besé la frente muy despacio para no despertarte, y pasé mis dedos temblorosos entre tu pelo que amo. Se me escapó un te quiero muy bajito. Me permití llorar en silencio lágrimas que brotaban sin consuelo porque el corazón se me estaba derritiendo lentamente.

No me he dado cuenta y empieza a atardecer en Mallorca. Hay mucho silencio, ese silencio que estos dos años he aprendido que habla mil lenguas.

El mar se ha calmado y un sol tan rojo como mis lágrimas hace suavemente el amor con él. Los tímidos cantos de los mirlos despiden el día. Dos gaviotas llegan a mi terraza y se detienen mirándome fijamente, con mucha dulzura, se quedan inmóviles. Me recorre un escalofrío por todo el cuerpo. ¿Me las habéis mandado mamá y tú para darme las buenas noches?

Me está costando demasiado escribir estas páginas. He tardado más de dos años en poder recorrer de nuevo todos los momentos de este desolador viaje. Sé que lo que pongo en un papel no lo borra el tiempo. Y no quiero que jamás seas solo un recuerdo.

Ni siquiera ese puto 23 de marzo en que sin saberlo la vida empezó a detenerse para ti y para mí.

2
Prohibido llorar

Colecciona momentos, no colecciones cosas,
porque al final es lo único que te llevas.
Aless Lequio

Anoche volviste a visitarme a El Manantial. Es la segunda vez que sueño contigo desde que te fuiste hace dos años.

Cada noche te pido con los ojos humedecidos que vengas a verme, rezo intensamente al universo cuando tu ausencia se convierte en un abismo y el vértigo de vivir sin ti muerde sin piedad mi corazón.

Hace tiempo que no distingo bien las infinitas realidades que he tenido que crear en mi mente para seguir aquí, en esta vida, en este plano. Mi favorita es cerrar los ojos y quedarme dormida, porque es en ese momento cuando empiezo a vivir, mis ondas cerebrales se ralentizan, entro en la fase REM, donde no existe ni el espacio ni el tiempo, y te espero. Al despertar se activa el lóbulo frontal del cerebro, esa maldita parte que nos hace ser conscientes de lo que llamamos realidad, y entonces empiezo otra vez a morir lentamente.

Se llama duelo, porque es una lucha feroz contra una realidad tan brutal que no podemos soportar. Dicen que al final de esa batalla gana la realidad con la aceptación y que esa aceptación es la fase final del duelo, pero no es verdad, no se puede aplicar a todas las pérdidas de tus seres queridos.

Este es mi tercer duelo. Perdí a mi amor de pareja cuando era joven, y después a mi madre y a mi hijo en menos de un año. Decir adiós para siempre a tu hijo hace que te sientas como esa barquita de pescadores que veo desde mi ventana sorteando las olas, hundiéndome lentamente por exceso de dolor en un mar de pena hasta lo más profundo de un océano donde reina un vacío absoluto. La aceptación no es el final del duelo cuando pierdes un hijo. Cuando tu hijo muere, lo que puedes llegar algún día es a «aceptar que no lo aceptarás jamás».

En el sueño abrías despacio la puerta de la habitación y te sentabas al borde de mi cama. Ya lo hacías desde muy pequeño por tus constantes pesadillas nocturnas. Primero fue por culpa del lobo feroz del cuento de los tres cerditos, que a buena hora se me ocurrió contarte. Años más tarde por *El exorcista,* la película que viste con unos amigos del cole a escondidas en tu cuarto mientras yo estaba trabajando. Por la noche me encantaba hacerme la dormida mientras escuchaba tus pasitos aproximándote para meterte en mi cama, lo hacías sigilosamente, en silencio, para no despertarme. Tan pequeño ya querías respetar mi sueño porque sabías que mamá trabajaba muy temprano.

Siempre cuidaste de mí, me protegías. Y con menos de tres años te convertiste en el hombrecito de la casa cuando me separé de tu padre. Tanto era así que para defenderme ante las persecuciones constantes de los *paparazzi,* que sin ningún pudor te acosaban poniéndote los micrófonos en la boca, los mordías con ganas. Luego venía el cachondeo que tanto daño me hacía de algunos medios de comunicación acusándote de morder los micrófonos. ¿Qué se espera que haga un niño de esa edad ante tal situación? ¿Morder el micrófono para defender a su madre o contestar recitando de memoria la hipótesis de los agujeros negros de Stephen Hawking?

Esas noches de tu infancia en las que buscabas mi protección acurrucándote a mi lado en la cama fueron las únicas de mi vida en las que dormí de verdad, profundamente y en paz. Pero qué madre no duerme tranquila sabiendo que su hijo está cerca y está bien. No me digáis que no os habéis levantado alguna vez en mitad de la noche para ver si vuestros hijos respiraban cuando eran bebés.

En el sueño estabas guapísimo, vestías los pantalones de chándal grises que no te quitabas de encima en los años de quimios, una camiseta blanca, tu inseparable gorra azul que siempre te ponías hacia atrás con el nombre de Duke, tu universidad americana, y una sonrisa preciosa dibujada en una cara que irradiaba salud. Ya no tenías el enjambre de tubos y vías clavadas en las venas de tus últimos meses que te tenían postrado sin poderte mover de la cama del hospital, una imagen que intento borrar de mi mente, sobre todo para poder seguir respirando.

—Mamá, no llores más, por favor, estoy aquí a tu lado, ¡lo estoy cada segundo, nunca me he separado de ti, he vuelto! ¡En verdad nunca me he ido! —me dijo cogiéndome de la mano con una ternura infinita.

Nos abrazamos con tal amor que sentí como si volviera a nacer, aunque fuera solamente unos instantes dentro de ese sueño tan real.

—¿Mami, te acuerdas de lo que te decía en el hospital las últimas semanas?

Cómo no me iba a acordar, si llevo tatuado con sangre en mi alma cada segundo de ese infierno.

—Te dije que nunca olvidaras que somos energía, que la energía no desaparece solo se transforma.

Lo recordaba, pero en ese momento no lo entendí.

—La muerte es solo un umbral, como el nacimiento. Vivimos en realidades paralelas que coexisten en el mismo tiempo y espacio. Somos energía que vibra en una frecuencia diferente, separados de una delicada tela —me dijo mientras me abrazaba.

—¡Pero yo quiero que vivas, que vuelvas, que estés aquí! Voy a llamar a papá y a todos para decirles que has resucitado. Te estoy tocando, eres real, puedo verte, ¡qué feliz soy! Sabía que esos putos cuatro años habían sido una pesadilla —grité de alegría.

—Te quiero, mamá —susurraste dulcemente en mi oído mientras tu voz se alejaba poco a poco hacia otra dimensión.

—Y yo, eres el amor de mi vida —pude decir sintiendo un río de lágrimas caer por mis mejillas, esta vez de emoción y felicidad.

Abrí los ojos muy despacito con la esperanza de que todo estuviera sucediendo de verdad, y grité tu nombre, una y otra vez, cada vez más alto, pero ya no estabas.

Eran las tres de la mañana de un caluroso mes de junio en Mallorca, y en mi cama se había marcado el hueco donde habías estado sentado.

Me levanté envuelta en una capa de sudor frío, me quité el camisón blanco que estaba empapado y salí desnuda de mi habitación hacia la inmensa terraza que bordea el mar. La oscuridad la cubría un silencio mágico, solo podía escuchar las tímidas olas que se fundían en la arena. La luna llena marcaba un río de plata sobre el mar en calma hasta donde me encontraba.

Me acerqué a la barandilla del acantilado que rodea la casa. A lo lejos vi las lucecitas de los barcos que dormían en la bahía, sus mástiles tintineaban llamándome, como si fuera el canto de las sirenas y yo me hubiera convertido de repente en Ulises. Sentí una infinita atracción hacia esas luces que flotaban en el vacío. Un salto y acabaría mi pesadilla. Un solo salto y estaríamos juntos eternamente. ¿Te encontraría al otro lado de esa sutil tela que separa la vida de la muerte? ¿Y si ya te has olvidado de mí? ¿Sabrás que soy tu madre?

Solo lo sentía por mi padre al que cuido cada día con el mismo amor y cariño que hubiera hecho mi madre. También por la fundación que creé con tu nombre para investigar el cáncer como me pediste en tus últimos días. Sentía como si mi misión en esta vida ya hubiera terminado, y me llenaba de una felicidad inmensa ese saltito hacia ti.

Ya nada quedaba de la Ana alegre, la Anita Dinamita como me llamaban en la facultad, aquella que amaba intensamente la vida; la Ana de los posados dando la bienvenida al verano a toda España, la que se duchaba en programas míticos de televisión cantando, de esa niñera de siete niños maravillosos que encandiló a millones de espectadores, y lo que es peor, ya nada quedaba de la Ana madre, el único papel que había dado significado a mi vida. No quería vivir más estando muerta por dentro.

Me empiné sobre la barandilla del acantilado, podía ver diez metros más abajo las rocas y el azul oscuro del mar iluminado por la luna, mi cuerpo estaba lleno de un amor infinito que me impulsaba irremediablemente hacia el vacío, hacia ti. No tenía miedo a la muerte, y esa ausencia absoluta de miedo a todo me hacía experimentar por primera vez la verdadera libertad.

De repente pasó una estrella fugaz, se levantó un viento huracanado que salió de la nada, el mar en calma se transformó en aguas revueltas y su oleaje golpeó furiosamente contra las rocas.

¿Era tu señal, hijo mío?

Qué cobarde era.

Me perdoné la vida otra vez con la valentía que tú me enseñaste.

Si tuviste el valor de morir con una sonrisa, cómo no iba a intentar vivir. Además me dejaste la misión de cumplir nuestro pacto secreto.

Llevo desde que amaneció sentada ante este papel intentando escribir nuestra historia, pretendiendo desgranar este sueño contigo. Ha sido tan real. Las personas no creen en la escondida realidad de los sueños porque no los pueden tocar, ni oler, ni saborear, luego para ellos no existen. Solamente creemos que es real lo que nuestro cerebro interpreta en tres dimensiones, lo que recibimos a través de los cinco sentidos: lo que podemos tocar, ver, oír, escuchar y saborear. Siempre les digo, ¿puedes tocar el amor?, ¿puedes verlo? Y, sin embargo, el amor existe, todos creemos en el amor porque es la energía que vibra con más fuerza, la más elevada. Cuántas veces he escuchado la frase: «Ver para creer». Qué equivocación. Es justamente lo contrario: «Creer para ver». Nos han educado en una cultura occidental donde no vamos más allá de lo físico, lo material, olvidándonos que nuestro cuerpo es energía como me revelaste en el sueño, porque nuestra verdadera naturaleza es el alma, no el cuerpo. Tan solo despertando nuestra consciencia o el alma, ese lugar que es una energía eterna que sobrevive a la muerte, donde no hay espacio-tiempo consigues desconectar de tu realidad tridimensional y estar en un eterno ahora con infinitas posibilidades. Venimos a la vida a aprender que solo el amor y nuestra alma es real, todo lo demás es una ilusión.

Vivimos en la cultura del envase que desprecia el contenido. Damos más importancia a la boda que al amor, al físico que a la esencia, y a lo material que a lo espiritual. Sin embargo, tú, mi Aless, en tus veintisiete años en este mundo, despreciabas lo material, buscabas incansablemente la esencia de las personas. En tus últimos días me decías:

—Mamá, colecciona momentos, no cosas, porque al final de tu vida es lo que te llevas.

No sabes la de vueltas que he dado a tu frase desde que no estás y cómo supiste aplicarla a tu corta vida, coleccionando a una velocidad de vértigo desde pequeñito miles de momentos únicos con tus amigos, tus amores, tus padres y todos los que te rodeaban, como si desde tu nacimiento intuyeras tu fatal destino.

Recuerdo que cuando te graduaste en la universidad te regalé un reloj de marca. Por detrás llevaba inscritas cuatro palabras: «Te quiero mucho, mamá». Lo miraste con cariño y me dijiste con dulzura:

—Gracias, mamá, es muy bonito, pero lo que más me gusta es lo que lleva escrito por detrás. Algún día, cuando me lo merezca, me lo pondré.

Nunca te lo pusiste. Lo guardaste con amor en su caja en tu cuarto. No te gustaban las marcas ni las cosas caras. Son para dar seguridad a los que carecen de ella, me decías.

Ahora llevo tu reloj puesto en mi muñeca mientras escribo nuestra historia, con la plena seguridad de que anoche estuve abrazándote, y que fue tan real como ese mar enfurecido que veo desde mi ventana en este tercer verano sin ti en el que el tiempo pasa con una desmedida lentitud. No sé dónde se fueron las horas, los días, los años desde aquel día que regresamos del hospital esperando los resultados de la biopsia, hace ahora cuatro años.

Ese día volviste a instalarte en casa. Te habías independizado un año atrás. Vivías en un pequeño apartamento alquilado en Madrid, que pagabas religiosamente cada mes con tu sueldo después de haber creado una empresa de marketing digital que llegó a ser una de las más punteras del mercado. ¡Qué orgullosa estaba de ti! Aún tengo guardada la foto que me mandaste con el primer sueldo de tu vida.

«¡Mira, mamá! Mi primer sueldo. Voy a ganar mucho para retirarte, ya has trabajado demasiado y voy a mantenerte como ningún hombre lo ha hecho», escribiste en el WhatsApp.

Trabajaste en tu empresa día y noche sin descanso, incluso durante las largas sesiones de ese veneno-curación llamado quimio inundando tu cuerpo.

Aún recuerdo ese día recién llegado de la universidad, donde te graduaste con nota en dos carreras. Entraste por la puerta de casa dando saltos de alegría y envuelto en un halo de misterio me dijiste:

—Mamá, necesito que me prestes el garaje de casa.

Ante mi cara de asombro, preguntándome qué locura maravillosa se te había ocurrido, continuaste:

—Es para utilizarlo de oficina, voy a crear la mejor empresa de marketing digital de España.

Y lo hiciste. La llamaste Polar Marketing. Con solo veintitrés años pasaste del garaje de casa a una oficina de trescientos metros y contrataste a más de treinta jóvenes de tu edad para trabajar contigo. Me duele pensar que no te dije las suficientes veces lo orgullosa que estaba de ti. Te lo digo ahora y mil veces más. Qué orgullosa estoy de ti, hijo mío, me siento la madre más orgullosa del mundo. Ojalá te llegue mi admiración allá donde estés durmiendo.

Instalados ya en casa y a la espera del resultado de la biopsia, intentamos no decir nada a nadie, solamente a los amigos de Aless de toda la vida y a mis hermanos. Ni siquiera quise que mis íntimos supieran el calvario que estaba pasando. Quisimos llevarlo todo con la mayor discreción y que la noticia no trascendiera a la prensa, sobre todo para que mis padres, ya mayores y delicados de salud, no se enteraran. Creo que fueron los diez días más largos de mi vida. Un día más de espera era un día menos de esperanza. Entonces creía en los milagros y en Dios. No es que ahora no crea, es que me cansé de regatear con él durante dos años ofreciendo mi vida por la de mi hijo. No me hizo ni caso. Ahora mi Dios está en el corazón de cada persona y en el mío. Mi religión es el amor y cada corazón es mi templo. Las religiones condicionan y son para las personas que tienen miedo de ir al infierno; la espiritualidad para las que ya hemos estado allí. Y lo digo con todo respeto.

Habían pasado siete días y la desesperación de la interminable espera del resultado me estaba haciendo volverme loca. Locura que compartía cada segundo con Alessandro padre que continuaba en *shock*. Sin embargo, tú esperabas el resultado con una increíble madurez que me sorprendía cada día.

Un resultado.

Un puñetero resultado.

¿Benigno o maligno?

Vida o ¿muerte?

A la espera del informe de la biopsia intenté seguir con mi vida normal para no intranquilizar a mi hijo y mucho menos a mis padres.

Tuve que dar largas a los ensayos de teatro y a los productores de la serie, aunque como podéis imaginar esa Ana Obregón ya se había esfumado de una manera fulminante. No me importaba lo más mínimo.

Desde hacía años intentaba pasar mucho tiempo con mis padres, sobre todo desde que mi madre tuvo el derrame cerebral. Comía con ellos al menos tres veces por semana si no estaba trabajando. Me encantaba estar con ellos, ponerles música, hacerles reír, levantar a mi madre de la silla de ruedas y abrazarla bailando el chotis, que le encantaba, y sobre todo coleccionar miles de momentos maravillosos que ahora utilizo para sobrevivir.

Mi hijo venía a menudo conmigo porque los adoraba y ese amor era recíproco. Mi madre se reía mucho con sus locuras, antes de comer le cogía con amor la mano y le decía:

—Abuela, deja de tomar tantas pastillas y vamos a tomarnos unos *gin-tonics*.

Y se tomaban unos cuantos sin parar de reír.

Mi padre era su ejemplo de lucha en el trabajo, le encantaba escuchar sus historias de cómo durante la Guerra Civil, y con solo doce años, le separaron de sus padres y hermanos, se tuvo que ir a vivir con una familia lejana que le acogieron en un pueblo próximo a Madrid, donde empezó a trabajar a esa corta edad limpiando las pocilgas y trillando en la era como agradecimiento al cariño de esa familia.

Pero lo que más marcó a mi hijo en su corta vida fue escuchar cómo su abuelo a la edad de catorce años y para poder pagarse los estudios trabajaba diez horas diarias limpiando y fregando un supermercado en la calle Fuencarral, y que lo más duro de todo era el reparto a los clientes en una cesta que llevaba apoyada en el hombro sin poder tomar el metro ni el tranvía, andando a veces distancias enormes por todo Madrid.

Admiraba cómo su abuelo con su trabajo incansable durante casi setenta años levantó un imperio, algo que nunca hubiera sido posible si con veinte años no hubiese conocido a un ángel de dieciocho de una extraordinaria belleza, pelirroja con unos inmensos ojos verdes y el corazón más grande que he conocido. Ese ángel, llamado Ana, era mi madre, el amor de la vida de mi padre durante los sesenta y ocho años que estuvieron casados. Esa madre que me dejó un año después de mi hijo y que todavía no he podido entrar en su duelo, ni siquiera llorarla como se merecía.

Mamá, si me estás escuchando quiero pedirte perdón. Perdóname, por favor, pero es que ya no me quedan lágrimas ni un rinconcito más en mi cuerpo para alojar el inmenso dolor de tu ausencia. Sé que me entiendes mejor que nadie porque has sido la mejor madre del mundo. Estoy segura de que estarás cuidando de tu nieto con la misma ternura y amor que nos regalaste a tus cinco hijos toda tu vida.

Mi madre fue mi mejor amiga y mi cómplice desde pequeñita para conseguir uno de mis sueños. Aún guardo una redacción del colegio en la que escribí con ocho años que mis sueños cuando fuera mayor eran ser mamá, bióloga y actriz. Por ese orden de importancia. Los tres se cumplieron, pero el último no hubiera sido posible sin la ayuda de mi madre porque al principio a mi padre no le hacía ninguna gracia que me dedicara a la interpretación, hasta que le entregué enmarcado el título de Biología con el número dos de mi promoción. Cómo es la vida, quería ser bióloga para investigar el cáncer, y ahora el cáncer me ha robado todo.

Con el título en la mano recuerdo que mi padre me dijo:

—Ahora puedes perseguir tu sueño de ser actriz, pero no olvides nunca ser siempre la mejor posibilidad de ti misma en todo lo que hagas.

Qué putada, esas sabias palabras las he llevado tatuadas en mi mente toda mi vida, y os puedo asegurar que vivir con esas metas es a veces complicado y difícil, pero altamente enriquecedor. He intentado siempre ser la mejor madre, hija, amiga, hermana, novia, mujer y profesional. No sé si lo he conseguido, pero el tiempo y el amor que he dedicado a ello hacen que ahora encuentre dentro de mí un poquito de paz.

Era tanta la admiración de mi hijo hacia su abuelo que en la pantalla del móvil llevaba siempre su fotografía, aparecía sentado con un polo rojo y una amplia sonrisa, trabajando en su despacho rodeado de carpetas, papeles, bolígrafos y plumas.

¿Y sabes una cosa, Aless? Esa foto aún está en tu móvil, no he tocado nada de tus cosas. Tu cuarto sigue intacto, las mismas sábanas donde dormiste por última vez y las maletas hechas que llevamos al hospital de Barcelona del que no regresaste, aún no he reunido las fuerzas suficientes para deshacerlas. Hasta tu cazadora de cuero permanece en el salón donde la dejaste. Y así seguirá.

Te lo juro, para siempre.

Cuando llevábamos ocho días esperando el informe anatomopatológico de la biopsia, decidí ir a comer con mis padres. Recuerdo cada segundo de ese maldito día con una precisión matemática.

A lo largo de nuestra existencia todos nos hemos quejado de haber tenido un mal día. Antes de que la vida me castigara con crueldad, me quejaba por cosas que ahora me parecen una chorrada: que si estaba agotada de tanto trabajo; que era la mujer más desdichada del mundo porque el que creía el amor de mi vida me había puesto los cuernos con esa desgraciada; que si me sentía morir porque me había separado del padre de mi hijo cuando este tenía apenas dos años, o que no me llegaba el dinero para el colegio ese tan bueno de mi hijo y tenía que trabajar aún más, aunque eso supusiera no poder estar con él en todo el día. Las verdaderas tragedias relativizan tus quejas diarias. Porque como decía mi abuela, en esta vida todo tiene solución menos la muerte.

He querido escribirlo para que así, cuando penséis que habéis tenido un mal día, viváis conmigo qué es un día infernal para un chico de veinticinco años y para sus padres. Lo digo sin protagonismos porque, desgraciadamente, ocurre en miles de familias en el mundo cuando sus seres queridos tienen que enfrentarse a un largo viaje de dolor con enfermedades graves.

Ese maldito día me vestí y maquillé las profundas ojeras con máximo esmero para que mis padres me vieran guapa. Sus caritas de alegría cuando llegaba, ajenos a todo lo que estaba ocurriendo con su querido nieto, no solo me tranquilizaban, sino que en su casa me sentía protegida como cuando era una niña. Había llevado la tarta de chocolate favorita de mi madre. Cuando nos disponíamos a comerla, mi móvil, que estaba en silencio, vibró.

Llamada del oncólogo del hospital. ¡Por fin! Ocho días esperando esa llamada. Mi corazón empezó a latir descontroladamente, ¿contestaba o no? Si no lo hacía, al menos tendría unos segundos más de esperanza; si contestaba y era benigno, conocería la verdadera y auténtica felicidad. Si contestaba y era cáncer, me moriría.

—Perdonad, es una llamada de trabajo, ahora mismo vuelvo —me excusé fingiendo una sonrisa mientras me levantaba de forma precipitada de la mesa del comedor.

Contesté cuando me dirigía por el pasillo al despacho de mi padre, suficientemente alejado para que no escucharan nada:

—Hola, doctor —dije con un hilito de voz.

—Buenas tardes, Ana. Tenemos el resultado de la biopsia de tu hijo —contestó con un tono grave.

Profundo silencio.

—Lo lamento muchísimo, Ana, el tumor de tu hijo es maligno, es un tipo de cáncer raro y muy agresivo. Tiene muy mal pronóstico.

No podía hablar, las piernas se me doblaron y me desplomé sobre la alfombra del despacho de mi padre con el teléfono aún en la mano.

—Es cáncer de células azules, pequeñas y redondas. Es un sarcoma, pero hay más de cincuenta tipos. Necesitamos mandarlo a un hospital especializado para tener un diagnóstico diferencial con pruebas inmunohistoquímicas y...

Escuchaba su voz desde muy lejos mientras el corazón había dejado de latir hacía rato y el aire no podía entrar en los pulmones.

El pasado de mi hijo empezaba a brotar en mi mente con mil imágenes por segundo visualizándole en todas sus edades. Le vi el día que nació y lo pusieron en mis brazos, cómo su manita agarraba con fuerza la mía; sus primeros pasos sorteando magistralmente todos los muebles de la casa; a los dos años corriendo por el pasillo para abrazarme cuando llegaba de grabar con los brazos en alto y sus infinitos rizos rubios cubriendo su carita; le vi enamorarse de la vida con los primeros amores y su inmensa tristeza con los desamores, y a los dieciocho, cuando llegaba a casa los sábados a las tantas de la mañana con sus amigos, que encontraba al día siguiente durmiendo la resaca desmayados por todos los sofás del salón. Le vi dando saltos de alegría cuando por sus excelentes notas le admitieron en una de las mejores universidades del mundo, y después su felicidad y el brillo de sus ojos con la toga el día de su graduación en la universidad americana…

No recuerdo bien si colgué o no. Intenté levantarme mientras empezaba a ahogarme en un llanto seco, desgarrador. Golpeé mi cabeza contra el suelo una y otra vez con una fuerza y una rabia aterradoras. Todo era una pesadilla y necesitaba despertarme. Fui arrastrándome al baño, me encerré para que mis padres no me oyeran, sequé un hilo de sangre que caía por mi frente y entonces grité como un animal salvaje, lloré lágrimas púrpuras que salían a borbotones porque ese doctor me acababa de arrancar el corazón de cuajo y me estaba desangrando. ¿Cómo se lo iba a decir a mi hijo? ¿Qué iba a hacer? Noté cómo si el telón de la vida empezara a bajar lenta e irremediablemente. No sé cuánto tiempo pasó. Solo recuerdo que volví a mirarme en el espejo y en ese momento, en ese preciso segundo, noté una fuerza sobrenatural que subía con ímpetu desde mis pies hasta mi cabeza, la adrenalina inundó mi cuerpo, respiré profundamente y me sequé las lágrimas.

Si quería salvar la vida de mi hijo, no había tiempo de llorar.

Es lo que suele pasar a una madre cuando ve en peligro la vida de su hijo. Puedes llegar a levantar un coche con las dos manos para que él no muera aplastado o desafiar a ese destino que se dirigía a una velocidad vertiginosa hacia la fatalidad.

En el comedor me esperaban mis padres con la tarta de chocolate aún en la mesa. Intenté forzar una sonrisa y comer un poco para que no se dieran cuenta de lo que estaba ocurriendo. Los besé y me despedí diciendo que tenía una reunión de trabajo. Antes de salir, ya en el portal, llamé a Alessandro padre.

—Dado, no te voy a decir nada, pero ven a casa, por favor.

Colgué rápidamente. Si le decía el resultado por teléfono, me daba miedo que tuviera un accidente.

Aún no sé cómo pude llegar conduciendo a casa, no recuerdo absolutamente nada de ese trayecto, solo esperaba que no estuviera mi hijo para que le diera tiempo a su padre de estar conmigo. No sabía si tendría el suficiente valor para decírselo sola.

Antes de entrar, Alessandro padre me llamó y con la voz entrecortada me dijo que alguna periodista desalmada se había adelantado. Una tal Rosenda tenía en sus manos parte del informe médico que una agencia había conseguido ilegalmente pagando en el hospital. Esta persona sin una pizca de humanidad se había permitido llamar a mi hijo diciéndole:

—Aless, nos ha llegado un informe médico a través de una agencia diciendo que tienes un cáncer terminal.

No quería ni imaginarme lo que estaría pasando mi hijo después de esa llamada. Preferí esperar unos minutos para entrar en casa, poder abrazarle y que viera en mí esa seguridad que me tendría que inventar en un tiempo récord.

¿Se puede tener más maldad? ¿Dónde está el límite entre la libertad de expresión, la ilegalidad y la falta de ética? ¡Ni siquiera era cierto! ¿Cómo que terminal? ¿Cómo es posible que una periodista llame por teléfono a un chico joven que tenía la esperanza de que el tumor fuera benigno para decirle que se va a morir sin una base médica ni ética? Faltaban pruebas de la biopsia para poner apellido a su tipo de cáncer. No entendía por qué el destino nos estaba poniendo todo cada vez más difícil. A esa periodista y a la agencia los he perdonado, pero mi perdón no es para liberarlos de culpa, es para sentirme libre de todos los pensamientos negativos que su comportamiento dejó en mi corazón.

En la puerta de casa esperé la llegada de Alessandro padre, le vi descender del coche cabizbajo y caminar lentamente hacia mí como si quisiera parar el reloj de la realidad. Nos miramos en silencio.

—Nuestro hijo tiene cáncer, me acaba de dar el resultado de la biopsia el doctor —susurré tan bajito que ni yo misma escuché mi voz.

Él me apretó la mano con fuerza y entramos en casa.

Aless nos esperaba de pie en el salón acariciando a su inseparable perrita Luna. Levaba puestos sus vaqueros desgastados favoritos y una sudadera azul que enfundaban los casi dos metros de estatura. ¿Cómo era posible que la persona que más quería en mi vida tuviera cáncer? Que su cuerpo musculado, rebosante de salud, belleza y juventud estuviera tan enfermo. Qué inmensa injusticia robarle el futuro a la persona más generosa, brillante y noble que he conocido. ¿Por qué no me había tocado a mí? Yo quería ser él en ese momento, deseaba con todas mis fuerzas ser yo la enferma de cáncer y que mi hijo estuviera sano.

Jamás podré olvidar su carita, estaba aterrado y con los ojos empañados. Es la única vez que vi asomar unas tímidas lágrimas durante los dos años que luchó con inconmensurable coraje contra esa maldita enfermedad.

—Mamá, ¿es verdad lo que me ha dicho esa periodista? ¿Tengo un cáncer terminal? —alcanzó a decir con una voz tan temblorosa que no fui capaz de reconocer como suya.

Yo tenía el corazón mutilado desangrándose por dentro sin parar, pero levanté la mirada con un esbozo de sonrisa y le dije con la voz más firme y segura que he tenido en mi vida:

—Mi amor, no tienes un cáncer terminal. Esa periodista que te ha llamado no tiene ni puñetera idea. He hablado con el doctor y me ha dicho que, aunque son células malignas, faltan pruebas para determinar de qué tipo son. Tienes un cáncer que vamos a aplastar con toda la artillería pesada que exista en este mundo, te vas a curar. ¡¡Te lo juro!!

Aless miró a su padre buscando confirmación.

—Te vas a curar, yo también te lo juro.

Nos abrazamos los tres con el amor más profundo que he sentido en mi vida, intentando desesperadamente contener la emoción tan intensa que inevitablemente nos sacudía.

No sé cómo alcancé a explicar de la manera más tranquila posible lo que me había dicho el doctor, aunque todos los sarcomas eran agresivos, alguno era un poco mejor.

—Aless, seguro que de todos los tipos de cáncer malos tendrás el mejor.

—Seguro que sí, mamá —contestó firmemente con ese optimismo digno de poner en un altar.

Era increíble que la posibilidad de que ese maldito cáncer fuera el mejor de los malos, nos diera en ese momento un poquito de luz en ese oscuro y tenebroso túnel en el que nos encontrábamos inmersos.

De repente pude ver cómo de los ojos de Alessandro padre empezaba a brotar fuego, se lanzó con ímpetu hacia su móvil y llamó a esa periodista diciéndole lo que cualquier padre o madre en el mundo hubiera hecho en esa situación:

—Eres una hija de puta... Lo primero, estás equivocada, lo segundo es que, si no tuviera algo mucho más importante que hacer en mi vida, ahora mismo te denunciaba por esa llamada a mi hijo, pero si sale algo publicado en tu revista o de esa agencia nos veremos en los tribunales.

Observé cómo mi hijo miraba orgulloso a su padre sintiéndose protegido. Cuando Alessandro padre colgó a esa mal llamada periodista, respiró profundamente y percibí cómo lentamente empezaba a quebrarse. Fue la primera vez que vi asomar unas lágrimas de los ojos del padre de mi hijo en los veintisiete años de una relación de amor, cariño y amistad. Tenía que asumir que nuestro hijo estaba muy enfermo, que nuestra esperanza de que fuera benigno se había evaporado.

Pero no podía permitir que Aless viera ningún signo de flaqueza y debilidad en sus padres, siempre fuimos para él esa brújula que le llevaría navegando por la vida a través de la más terrible de las tormentas a buen puerto. Me acerqué sutilmente a Alessandro padre y le pedí susurrando que se fuera a casa de mi hermana Celia que vive al lado. Yo ya había llorado y gritado; ahora le tocaba procesarlo a él.

A partir de ese momento rogué que estaba absolutamente prohibido llorar delante de él.

«Por favor, si necesitáis hacerlo —pedí a todos los que le rodeaban—, llorad en vuestro dormitorio y con la puerta bien cerrada».

Esa misma tarde mi hijo había reunido en casa a su pandilla de toda la vida para comunicarles que tenía cáncer. Formaban un grupo inseparable: algunos eran amigos desde el colegio, otros de la universidad americana que fueron llegando poco a poco desde Estados Unidos para estar con él. Todos le adoraban por su bondad, ternura, sentido del humor y, sobre todo, por sus locuras geniales. En realidad, algunos me consideraban como su segunda madre porque desde pequeñitos estaban más tiempo en mi casa que en la suya.

Me encantaba tener la casa llena de loquitos de todas las edades: primero de niños que correteaban en plan *destroyer;* a fin de cuentas, nuestra casa nunca fue para recibir visitas, sino para disfrutarla. Luego de jovencitos, y más tarde de adolescentes. En esa época, antes de que le admitieran en la universidad y para ganar un dinero extra, organizaba con su pandilla verdaderos fiestones en casa. No faltaba de nada: luces, humo, musicón. Los sábados por la noche se convertía en la mejor discoteca de Madrid. Y, por supuesto, cobraba la entrada con la bebida incluida, exceptuando a sus íntimos. Al principio les dejaba el garaje, pero luego tomaron posesión del salón.

Me sentía feliz viéndole disfrutar y ganar su dinero los fines de semana con la tranquilidad de que sus notas eran siempre impecables.

Me encanta recordar esa época cuando los sábados por la noche al llegar a casa me encontraba una larga fila de chicos y chicas esperando para entrar, una cola que daba la vuelta a la manzana de la urbanización, como si se tratara de Pacha Ibiza un viernes por la noche en la fiesta del Flower Power en pleno agosto.

Una de esas noches, al llegar a casa después de cenar con unos amigos, un chico me abrió la puerta y con una enorme sonrisa me dijo:

—Mira, tía, lo siento, pero tienes que pagar si quieres entrar en la fiesta.

Aless lo vio desde lejos y salió corriendo hacia nosotros gritando:

—¿Pero qué haces, *brother*? ¿Estás *p'allá*? ¿No ves que es mi madre?

Seguro que donde estés te gustará saber que todos tus amigos me cuidan mucho, como sé que un día les pediste en el hospital en caso de que faltaras. Nos reunimos cada mes en casa como solíamos hacer antes, y comemos las famosas albóndigas con tomate y arroz blanco que os hice infinidad de veces y que te encantaban. No voy a mentirte, ellos me recuerdan cosas divertidas tuyas, sonreímos y lloramos juntos; como sabes a mí me cuesta muchísimo recordar cosas bonitas porque sigo reviviendo una y otra vez el infierno que viviste tus últimos meses en el hospital. Es como si aún no hubiera conseguido salir de allí por más que intente borrar esas imágenes dolorosas que me impiden respirar cada segundo del día.

Mientras mi hijo estaba con sus amigos y después de darle todo tipo de calmantes porque el dolor que sufría empezaba a ser insoportable, me escapé a casa de mi hermana donde me esperaba Alessandro padre.

Las piernas aún me temblaban, pero iba decidida, tendría el valor en cualquier momento para luchar contra todo y contra todas las sorpresas fatales que nos había preparado el destino. Toda mi vida había toreado las peores de las tormentas, lo que me daba un cierto aire de prepotencia y seguridad en mí misma creyendo que con esfuerzo y valor podía con todo. Qué ilusa.

Había conseguido casi todo lo que me había propuesto en la vida. No podía imaginar que el golpe mortal del destino fuera en mi único hijo. En ese momento mi misión era estar a su lado en la lucha, sin victimismos, ni sentimentalismos ni debilidades que lo impidieran. Estaba absolutamente convencida de que se iba a curar, y la verdad es que lo estuve hasta cuarenta y ocho horas antes de su muerte.

Lo que tenía claro es que no había tiempo que perder, porque un tumor de diez centímetros crecía a velocidad de vértigo en el cuerpo de la persona que más quiero en mi vida.

Lo primero era enfrentarse a la palabra más temida por todos: cáncer. Lo que sabía del cáncer por mi carrera era que ocurre cuando las células anómalas en lugar de morir —apoptosis— se multiplican de forma descontrolada. Curiosamente, se podría decir que un cáncer es un exceso de vida.

Me juré no utilizar al doctor Google ni ver estadísticas de supervivencia ni saber qué era un puñetero sarcoma. Eso me daría la fuerza para engañar al subconsciente de la gravedad de la enfermedad, y de esa manera poder enfocar la situación con el optimismo y la frialdad necesaria para no derrumbarme.

Al llegar a casa de mi hermana, Alessandro padre se había tranquilizado un poco. Me miró fijamente a los ojos e, intentando ocultar su desesperación, me preguntó:

—Anita, ¿qué hacemos?

—Curarle, vamos a buscar los mejores oncólogos en España, o las mejores clínicas, y vamos a curar a nuestro hijo, te lo prometo.

Mientras decía eso me di cuenta de que nunca había tenido que enfrentarme a esa enfermedad con ningún familiar y no tenía ni idea de por dónde empezar. Según el doctor del hospital había que esperar para poner apellido a su tipo de cáncer y así empezar el tratamiento adecuado, pero no me fiaba de él porque su especialización era otro tipo de cáncer, y el de mi hijo era un cáncer raro que afecta a niños y jóvenes que nunca había tratado.

Después de cientos de llamadas nos hablaron de una clínica en Madrid que era muy buena, cogimos la cita con el oncólogo a última hora esa misma tarde.

Los hospitales son esos edificios gigantescos y fríos donde reina el dolor y nos iguala a todos: no hay ni ricos, ni pobres ni famosos. Solo personas que aceptamos con humildad todo lo que dicen los doctores, como si fuéramos corderos que nos llevan a degollar al matadero.

Entramos Alessandro padre, Aless y yo en la consulta del oncólogo en silencio, conteniendo la respiración a la espera de unas palabras esperanzadoras. El doctor nos miró por encima de sus gafas después de saludarnos y con esa frialdad que les caracteriza a algunos, observó atentamente durante minutos interminables los informes y las imágenes de la resonancia magnética, del PET-TAC y todas las pruebas anatomopatológicas que habíamos llevado.

—Tenemos que esperar las pruebas para saber qué tipo de sarcoma es. Es un cáncer raro y agresivo de células redondas y azules.

Me dieron ganas de decirle: ¡ya lo sé, doctor, pero qué hacemos, por Dios! Él continuó fríamente:

—Por el tamaño y dónde está localizado, primero habrá que dar quimio y luego, si en España hubiera protonterapia, que es un tipo de radiación precisa que no daña los tejidos colindantes, se podría evitar una operación gravísima, pero ese tipo de tratamiento solamente lo tienen en Estados Unidos.

Mientras decía esto miraba la cara de mi hijo poniéndome en su lugar. No sé qué hubiera hecho si a su edad un doctor me estuviera prácticamente dictando mi sentencia de muerte.

No podía escuchar más, estaba cansada de pronósticos lapidarios. Me levanté y, agradeciendo su falta de empatía, di un portazo y me largué para esperar fuera de ese horrible hospital a mi hijo y a su padre.

Una vez fuera respiré profundamente, el viento comenzó a agitar los árboles con fuerza y empezó a llover de manera torrencial. A fin de cuentas, el mundo seguía girando a nuestro alrededor con sus estaciones, sus lluvias impredecibles del mes de marzo, aunque para nosotros ese mundo se había detenido en una pausa sin fin. Dejé que las gotas empaparan mi cara, así nadie podría ver mis lágrimas. Solo intentaba encontrar un poco de luz en toda la oscuridad que la vida estaba arrastrando a mi hijo y a todos los que le queríamos.

Como por arte de magia vino un nombre a mi cabeza: José Baselga. Uno de los mejores oncólogos de España que por falta de dinero en este país para investigación se había tenido que ir a Estados Unidos para seguir salvando miles de vidas a lo largo de su exitosa carrera. Y no solamente eso, sabía que dirigía uno de los mejores hospitales del mundo de cáncer en Nueva York. ¿Pero cómo llegaba hasta él?

Entre Alessandro padre y yo hicimos muchas llamadas sin éxito hasta que recordé que era presidente de una fundación muy importante para investigar el cáncer aquí en España. Recuerdo que tardé un segundo en mandarle un wasap una vez conseguido su número en Nueva York: «Querido José, mi hijo tiene cáncer, le acaban de diagnosticar un sarcoma. No sabemos qué hacer y estoy completamente desesperada. Me han dado tu teléfono en tu Fundación. Por favor, llámame. Muchísimas gracias».

Con las prisas se me olvidó decirle que era Ana Obregón. En realidad, nunca he querido utilizar mi fama para ningún tipo de privilegio, menos en alguna urgencia grave de mi hijo, que sí lo he hecho y no me arrepiento.

Esa misma noche me sentía con un chute de esperanza que me sacudía todo el cuerpo. Reuní en casa a mis hermanas, Alessandro padre y mi hijo para cenar unos pinchos de tortilla de patata acompañados de ibuprofenos, porque los dolores en ese momento eran ya terribles, mientras esperábamos ansiosos esa llamada del doctor Baselga desde Nueva York.

Me parte el corazón recordar su cara. Sus preciosos y brillantes ojos color miel se habían apagado transmitiendo una mezcla única de dolor, coraje y esperanza.

Siempre fuimos el espejo en el que nos mirábamos mutuamente para seguir adelante. ¿Te acuerdas, Aless, lo que me decías?

—Mamá, tú te rompes una uña y armas la de Dios, pero si pasa algo grave te conviertes en una heroína con superpoderes.

Te tengo que reconocer, hijo mío, que, aunque me vieras tranquila, tenía miedo, un miedo aterrador, y sentía una inmensa impotencia que me corroía por dentro.

Sonó mi móvil. ¡¡¡El doctor Baselga!!! Rápidamente puse el altavoz.

—Hola, buenas tardes. He recibido tu mensaje, ¿quién eres?

—Hola, doctor, muchísimas gracias por llamar. Soy Ana Obregón. Mi hijo tiene un tumor de diez centímetros, un sarcoma, pero aún faltan por terminar las pruebas anatomopatológicas, sé que diriges un hospital en Nueva York y que tenéis el tratamiento de protonterapia que no hay en España —solté del tirón sin dejarle hablar.

—Hola, Ana, encantado de saludarte. Por lo que me cuentas tenéis que venir a Nueva York lo antes posible. En el hospital hay varios oncólogos especializados en el cáncer de tu hijo.

—¡Gracias a Dios! ¿Y qué hacemos? —Suspiré tan bajito que creo que nadie escuchó mi voz.

—Yo me ocupo de todo. Tranquila. ¿Tienes la biopsia?, por favor, consíguela y tráela aquí para terminar las pruebas. No hay tiempo de hacer otra y así podremos empezar el tratamiento lo antes posible. El tratamiento será largo, por lo menos siete meses.

Lo explicó con una seguridad y dulzura a la que no estaba acostumbrada.

Había llegado nuestro ángel salvador.

Todos los presentes nos quedamos callados largo rato mirándonos a los ojos.

En décimas de segundos cientos de pensamientos me explotaban por dentro: si me voy a Nueva York sola con mi hijo para tantos meses, ¿seremos lo suficientemente fuertes para estar solos los dos a seis mil kilómetros de distancia sin el apoyo de la familia y de los amigos? Va a costar muchísimo dinero, pero para eso he trabajado casi cuarenta años. He prescindido muchísimas horas de estar a su lado, me da igual lo que cueste, si hay que vender la casa la vendo, si me tengo que prostituir me prostituyo, pero Aless se va a curar. Hasta pensé en las familias que no tienen esos recursos económicos, por eso en la Fundación de mi hijo ayudaremos a las familias que lo necesiten.

Mi hermana Celia me sacó de mis pensamientos rompiendo el silencio con la frase que marcó nuestro destino:

—Ana, si no os vais a Nueva York, os vais a arrepentir toda la vida.

Al día siguiente organicé todo. El hotel de Nueva York cercano al hospital, los billetes de avión, recopilé todos los informes médicos que mandé por *e-mail* al doctor, y lo más importante: me fui al hospital a recoger la biopsia de mi hijo para llevarla a Nueva York bien guardada en mi bolso, como si fuera el tesoro más valioso del mundo.

Cuando llegué para pedir la biopsia, porque volábamos al día siguiente, una enfermera en la recepción me dijo fríamente que no podía dármela hasta el día siguiente, que necesitaba no sé qué papeleo. No podía ser que el universo se estuviera poniendo en contra otra vez. Recuerdo que le sonreí agradeciendo la información, mientras me adentraba en el interior del hospital aprovechando que en ese momento empezó a atender a otra persona que acababa de llegar. Mi padre me enseñó a jamás tomar un no por respuesta, y volví a preguntar a una enfermera morena con cara de simpática que salía de una habitación. Me dijo exactamente dónde se realizaban las pruebas anatomopatológicas. Con la información conseguida subí corriendo a la tercera planta por las escaleras para que no me vieran desde recepción. Allí se encontraban algunos patólogos que estaban realizando las pruebas con otras muestras y les pedí la de mi hijo, un poco alterada, más bien tan alterada que prácticamente la agarré envuelta en parafina y me escapé corriendo por los pasillos del hospital mientras me gritaban:

—¡¡Espere!! Tiene que esperar hasta mañana. La persona para firmar...

No escuché. No podía esperar. El avión cargado de esperanza hacia Nueva York salía a las nueve de la mañana. Necesitaría un informe médico certificando que lo que llevaba en el bolso era una biopsia y no una bomba biológica o química por si me paraban en la aduana de Estados Unidos.

Intenté no emocionarme cuando me despedí de mis padres diciéndoles una mentira piadosa, que me iba a grabar una serie a Nueva York unos meses. Mis padres no hubieran soportado que su adorado nieto tuviera cáncer. Cancelé la serie de televisión y la obra de teatro. Hasta tuve que mentir a mis amigos íntimos para poder llevar nuestra lucha contra el cáncer de la forma más discreta posible, ya que después de la llamada de Alessandro padre, gracias a Dios, no había salido nada publicado en los medios.

La noche anterior a nuestro viaje la casa estaba inundada de amigos de Aless que habían llegado para animarle y apoyarle de todas las partes del mundo: Nueva York, Miami, Londres. Desde mi habitación los escuché primero reír mientras bebían cervezas y luego llorar cuando se abrazaban despidiéndose.

Ya sola en el dormitorio hice mi maleta con la máxima desgana. Recuerdo que metí dos vaqueros, tres jerséis, dos camisetas y un par de deportivas para siete meses. Ese día aprendí qué innecesarios y superficiales eran tantos estilismos y trapitos para vivir. También aprendí que desprenderse de lo innecesario era la auténtica liberación.

Al cerrar la maleta me metí en la cama mientras escuchaba las gotas de lluvia golpear incesantemente en mi ventana, hasta el cielo estaba cabreado y lloraba por ti.

Intenté cerrar los ojos, pero empecé a notar un vértigo aterrador por ese viaje hacia lo desconocido. Recé al universo para no caer enferma, para que no me temblaran las piernas ni las manos y poder agarrar fuertemente la mano de mi hijo para atravesar juntos con coraje ese camino repleto de agudas espinas candentes sin quemarnos, ese camino que estaba completamente segura nos llevaría a su salvación.

Me volví a sentir muy culpable por no ser yo la que tuviera cáncer, y me cabreé muchísimo con Dios. Era una terrible injusticia. Si Dios existiera, mandaría enfermedades a los terroristas, a los violadores o a los asesinos; no robaría un futuro brillante a un chico joven, noble y solidario que amaba intensamente la vida, una vida repleta de un abanico de sueños por alcanzar: quería seguir trabajando en su empresa que con tanto esfuerzo había creado, ser empresario en honor a su abuelo; aunque su verdadera vocación era ser escritor, continuar con su libro para inspirar a otras personas con cáncer, casarse y tener cinco hijos. Pero lo que más me dolía aquella noche era su sufrimiento, aunque siempre me lo ocultara.

En ese momento se abrió la puerta de mi habitación. Aless apareció con semblante serio, tenía los ojos empañados, más grandes y brillantes que nunca, se sentó al borde de mi cama, me miró fijamente a los ojos y me dijo con dulzura, arrancando cada palabra de su alma:

—Mamá, ¿me voy a morir?

Cada una de esas palabras se quedaron marcadas para siempre como por un hierro candente en mi corazón.

—No, hijo mío, no te vas a morir. Te vas a curar, ¡¡te lo prometo!!

—¡Pues vamos a por ello, mamá! Nuestra aventura americana empieza mañana. ¡*Fuck* cáncer! —contestó muy emocionado, pero con un optimismo y madurez impropios para su edad. Su actitud frente a la adversidad era la mayor prueba de amor de un hijo a su madre.

Nos abrazamos con un amor infinito dejando que las lágrimas rodaran interiormente por nuestra alma para que no se vieran.

Como en el sueño.

* * *

Aless, no sabes cómo me rompe por dentro no haber cumplido mi promesa. Perdóname porque yo no puedo. Confiabas en mí y te fallé. Jamás me perdonaré por eso.

Ha anochecido y la oscuridad se asemeja tanto a mi vida que me asusta. Los días se hacen largos y las noches más sombrías. No puedo escribir más por hoy, he vaciado mi alma. El mar se calmó convirtiéndose en un espejo sin límites con el cielo. Las gaviotas a esta hora surcan el cielo desde las montañas hacia el mar gritando tu nombre. Solamente quiero volver a dormir para estar contigo en esa otra dimensión que hemos creado, más allá del tiempo y el espacio, más allá de la vida, en un océano infinito de amor y eternidad.

3
FUCK CÁNCER

Hay algo abstracto que perfuma lo tangible, que existe en todo lo que nos rodea, y que solo somos capaces de percibir cuando cuerpo y alma asumen el último acto de una maravillosa superproducción llamada vida.
Aless Lequio

Hoy es 23 de junio 2022. Feliz cumpleaños, amor de mi vida.

Hace treinta años que nacimos los dos.

Quizás nunca supe explicártelo bien, hijo mío, pero fuiste tú quien me dio la vida. Esta vida que daría ahora mismo por volver a abrazarte, aunque solo fuera una vez más.

Mi vida a cambio de tu abrazo.

Naciste en la noche más mágica del año, la Noche de San Juan, por eso tu llegada iluminó el mundo y a todos los que te rodeábamos.

Aterricé anoche en Madrid, dejando atrás por unos días este extraño verano en Mallorca al cuidado de mi padre y esos atardeceres naranjas en los que nos abrazamos en silencio, echando de menos a los amores de nuestras vidas mientras miramos el mismo mar Mediterráneo que un día nos hizo tan felices.

Necesitaba estar aquí para celebrar juntos tu cumpleaños, en nuestra casa, donde me siento más cerca de ti porque cada rincón guarda infinitas imágenes de todas tus edades que puedo ver con claridad cuando cierro los ojos, y tu olor todavía viene flotando a mi dormitorio algunas noches para calmar mi tristeza.

Sé que estás conmigo cada segundo del día como me dijiste en el sueño la otra noche, pero no puedo dejar de llorar, y mis lágrimas siguen aún siendo rojas. Lo siento, porque me imagino que no te gusta verme destrozada, aunque tú sabías que eso ocurriría como le dijiste a Justin, tu mejor amigo de la universidad. Hace no mucho me mandó el wasap que le enviaste desde el hospital unos días antes de que nos dejaras y que por respeto no se atrevió a mandármelo antes. Decías: «*My bro* Justin, en caso de que me pase algo, solo te voy a pedir dos cosas: una que le digas a mi padre y a mis tías que, por favor, cuiden mucho de mi madre, estará destrozada; y la segunda es que cuando vayas al cielo me busques, por favor. Te quiero hasta el infinito».

Me partió el corazón más saber que en ese momento tan terrible, en tus últimos días luchando por vivir, te estabas preocupando por mí.

He descubierto que en el duelo hay diferentes formas de llanto: puedes llorar de melancolía, tristeza, rabia, impotencia, dolor, culpabilidad, nostalgia, y cuando ya no quedan lágrimas se convierte en un llanto seco. A fin de cuentas, el duelo es el precio que pagamos por habernos atrevido a amar tanto.

También he aprendido que el duelo es un camino de lágrimas solitario, aunque no os podéis imaginar lo que daría ahora mismo por poder llorar abrazada a mi madre. Estoy completamente segura de que su urgencia por dejar esta vida era que quería irse contigo para cuidarte. Por eso los médicos no encontraron explicación a su fallecimiento. Aún no entiendo por qué me habéis dejado aquí, qué extraña misión hay planeada para mí en esta vida.

El duelo me ha demostrado que el dolor es el jardín de la compasión. Esa palabra tan bonita que tú llevabas en el corazón desde pequeño, siempre intentando ayudar a todo el que lo necesitaba, poniéndote en su lugar, su alma y su corazón. Por eso tu Fundación, la que tú querías crear, ya es un hecho. Sé que te gustará saber que, aunque me cueste cada día levantarme de la cama, mi única misión ahora es seguir con tu legado, todo lo que querías hacer y no pudiste te juro que lo voy a hacer por ti. Financiaremos muchos proyectos para la investigación del cáncer en niños y jóvenes. Porque como tú decías la investigación salva vidas, y si hubiera habido más tratamientos para tu cáncer, todavía estarías aquí. No quiero que ningún padre ni ninguna madre tengan que pasar por el infierno que estoy viviendo. Tú me has enseñado a transformar el dolor en amor, compasión y solidaridad.

He decidido no utilizar pastillas, ni alcohol ni psicólogos

para aliviar mi dolor. Este es mi duelo por ti, es mi camino que he de recorrer sangrando.

Una vez leí que el discípulo preguntó al maestro:

—Maestro, ¿por qué cada vez la vida duele más?

—Porque has elegido la cura en lugar de la anestesia —contestó.

Somos tan egocéntricos que cuando perdemos a alguien querido nos centramos en nuestro dolor, ¿y el dolor de los que no están? ¡Cuánto le gustaría a mi hijo estar aquí y vivir un futuro al que tenía derecho! Por eso mi dolor es el suyo. No sufro por mí, sino por él. Yo no soy la víctima, ni la protagonista ni la heroína.

El héroe y el protagonista eres tú.

Los que sois padres o amáis a alguien intensamente me entenderéis, porque ver sufrir a vuestros hijos o seres queridos multiplica por infinito vuestro dolor.

Te he comprado un ramo inmenso de rosas y peonías blancas como te gustaban y una infinidad de globos de todos los colores para llevártelos al cementerio. Durante estos dos años he ido todos los días, aunque lloviera y el frío congelara mis venas. Recuerdo el año pasado cuando la borrasca Filomena cubrió Madrid con un inmenso manto de nieve. En cuanto pude salir de casa, fui a visitarte. Una extensa capa blanca cubría todas las tumbas menos la tuya, donde las flores que te llevo cada semana permanecían intactas y el collar rojo de tu querida perrita Luna brillaba entre la nieve sobre tu lápida.

Seguro que donde estés te gustará saber qué ocurrió con ella. Luna murió de pena sin ti, te esperó seis días delante de la puerta de casa, como solía hacer cuando llegabas del cole y más tarde de trabajar. Se tumbaba durante todo el día con su maravilloso pelo blanco ya envejecido y los ojos tristes perdidos en el horizonte, aullando sin parar, llamándote con un quejido que helaba mis venas. Siento no haberle hecho la compañía que se merecía, perdóname, pero esos primeros meses sin ti vivía en una profunda oscuridad sin ni siquiera poder levantarme de la cama. Una noche, cuando salí a buscarla para que entrara en casa, me tumbé a su lado como solías hacer tú, reposando mi cabeza entre el suave pelo blanco de su lomo. Había una luna llena mágica que iluminaba sus ojos vidriosos y vi mi tristeza reflejada en ellos. La abracé dejando que mi emoción estallara en aullidos como los suyos, y ella empezó a darme lametazos como queriendo secar mis lágrimas. Cerré los ojos un segundo sintiendo todo su amor y el dolor de tu ausencia que compartíamos, y cuando los abrí de nuevo Luna se había dormido para siempre. Esa noche se despidió de mí para estar contigo y ahora descansa a tu lado.

Te juro que iré a verte todos los días mientras viva, porque, como tú escribiste en el hospital en tus últimas semanas, «lo más importante de esta vida es el tiempo y el amor que dedicas a las personas que quieres, porque al final es lo único que te llevas».

Me gusta llegar al cementerio muy pronto, cuando no hay nadie y sé que los *paparazzi* aún no están esperándome en la puerta de casa. Durante el primer año he tenido que ir a verte tumbada en el suelo de la parte de atrás del coche, sin poder entender que no respetaran ni ese momento de una madre que quiere llorar a su hijo en paz. Y, sin embargo, para que estés tranquilo te diré que después todos los medios de comunicación, periodistas, colaboradores, personas anónimas están siendo extremadamente compasivos conmigo. Sé que tú lo agradeces tanto como yo.

En el cementerio me siento en la hierba a tu lado, cierro los ojos dejando que las lágrimas resbalen a su gusto por mis mejillas, y en ese momento, hablándote muy bajito, sintiéndote cerca, encuentro algo de paz en mi alma.

Allí casi todos los días veo a una mujer mayor, muy bien vestida, tiene el pelo blanco y la piel desgastada, creo que tendrá unos ochenta años. Su ritual es siempre el mismo: se arrodilla y permanece largo rato en silencio ante una tumba cubierta de flores. Es muy respetuosa porque jamás se ha acercado a mí en todo este tiempo. Hoy he roto ese silencio de dos años de miradas que intercambiamos sin decir una palabra, miradas humedecidas y compasivas, y le he preguntado por el ser querido al que visitaba:

—Aquí está mi hijo —ha contestado susurrando para no enturbiar la calma del cementerio.

—Y el mío... —he dicho tan bajito que dudo que me escuchara.

Nos hemos quedado calladas, mirando al cielo con los ojos perdidos en las ausencias.

—¿Hace cuánto tiempo pasó? —me he atrevido a preguntar.

—Hace treinta años, tenía dieciocho, cáncer..., y desde entonces vengo todos los días. Siento mucho lo de tu hijo, de corazón... —ha contestado poniendo el alma en cada palabra.

He querido darle las gracias, decirle que yo también sentía lo de su hijo, pero he enmudecido, un nudo en la garganta me ha impedido hablar. Ella ha continuado:

—Te regalo un secreto; en este mundo hay dos tipos de personas: las que han perdido un hijo y las que no.

Nos hemos mirado a los ojos largo rato sin decir nada.

El dolor no tiene palabras.

La he visto alejarse andando muy despacio entre las tumbas mientras he caído arrodillada a tu lado, depositando las flores y dejando que los globos de colores que había llevado por tu cumpleaños surcaran el cielo hacia la eternidad. He intentado cantarte cumpleaños feliz, pero no me ha salido la voz, la emoción me la ha silenciado.

Mi Aless, sé que no estás allí, allí solamente está tu cuerpo, porque tu alma de guerrero ahora es energía convertida en un ser de luz que me cuida y protege, esperando volver a reencarnarte para que el mundo se vuelva a iluminar otra vez. No os podéis imaginar cómo esta creencia, que quiero regalaros a los que sufrís una ausencia, calma un poquito mi profundo dolor.

Sé que muchos no creéis en la reencarnación. En la religión católica existió esa creencia hasta la Edad Media, pero para los budistas el renacer es una de sus doctrinas fundamentales. Quizás ni penséis en la muerte, como me pasaba a mí antes de conocerla de cerca. La muerte es un tema tabú en Occidente. Curioso, porque todos los seres humanos nos levantamos por la mañana, salimos de casa con un destino que conocemos: a trabajar, a pasear, a comprar, de viaje… Sin embargo, todos vamos inevitablemente hacia un mismo destino final: la muerte, y no nos preocupamos ni siquiera de saber qué es. ¿Qué hay al otro lado de la vida, hijo mío? ¿Hay mucha oscuridad o todo brilla intensamente? ¿Qué puedo hacer para escucharte, además del silencio en el que me sumerjo en mis largas meditaciones diarias?

Una madre siempre necesita saber dónde está su hijo, y estos dos años he devorado y profundizado una infinidad de libros acerca de la muerte encerrada en mi habitación, sin apenas salir, solamente para intentar trabajar y para crear tu Fundación. He estudiado de memoria, como si fueran guiones para una película, toda la bibliografía escrita por doctores *honoris causa* acerca de experiencias cercanas a la muerte, libros de física cuántica, libros de todo tipo de religiones, enseñanzas budistas e hinduistas.

Para el budismo, doctrina creada 500 años a. C., la vida y la muerte son un continuo, una ilusión transitoria de nuestra mente. Para ellos la muerte es nacer en otro plano, el alma que es energía y es eterna sobrevive sin el cuerpo. Interesante, porque miles de años después físicos prestigiosos han demostrado que nuestro cuerpo es un mar de energía cuántica, y que la materia de cada persona se reduce a la punta de un alfiler.

Es imposible entender la vida si no entendemos la muerte. Sobre la reencarnación, el gran filósofo francés Voltaire dijo: «A fin de cuentas, no es más extraño nacer dos veces que nacer una vez».

Te he comprado tu tarta favorita de chocolate con forma de erizo, idéntica a esa en la que soplabas las velas desde los tres años. Curiosamente, el erizo y las musarañas son pequeños mamíferos de la misma familia. Tenías fijación con ese animalito desde que eras niño y me inventé el cuento de las musarañas, esos pequeños peludos que todos teníamos en nuestra mente que te visitaban cuando te quedabas ausente durante mucho tiempo pensando en nada, o en todo.

Estoy intentando escribir con los ojos humedecidos que me impiden ver las letras y empiezo a notar un dolor muy intenso debajo del vientre, es un dolor exactamente igual al de las contracciones del parto, no es posible, exactamente a la misma hora en que empezaron hace treinta años aquella bendita Noche de San Juan en que llegaste a mi vida. No me estoy volviendo loca, las siento cada vez más fuertes, ¿qué extraña conexión hay entre las emociones, los deseos, la mente y el cuerpo?

Será tanto mi anhelo de traerte a la vida otra vez que el hipotálamo manda segregar esa hormona llamada oxitocina responsable de las contracciones y, por tanto, de la experiencia milagrosa de dar a luz. Esa es la explicación médica, no es la lógica, pero una vez más lo ilógico e incomprensible, lo que no tiene explicación, es lo más real. Mientras intento a través de la respiración apaciguar el dolor de cada contracción, empiezo a recordar cada uno de tus veintisiete cumpleaños porque me siento una afortunada de haber celebrado juntos cada aniversario de tu llegada a esta vida.

¿Sabes lo que me mata de pena, Aless? Pensar lo feliz que era entonces y no lo sabía. Vivía en un laberinto de felicidad que se ha transformado en un laberinto de tu ausencia del que no puedo encontrar la salida, porque no existe.

De pequeño me encantaba organizarte unas fiestas increíbles con todos los niños de tu clase, inundaba el jardín de globos, piñatas, tarta y payasos, aunque descubrí que estos últimos no te hacían ninguna gracia y que incluso te daban miedo.

Tengo grabado con fuego en el corazón tu último cumpleaños. Lo celebraste por todo lo alto, parecía que el cáncer había desaparecido después de un año y medio de lucha feroz, cientos de quimios, radioterapias, hospitales e ingresos en urgencias. Eras el guerrero que había vencido al cáncer con una sonrisa.

Ese día literalmente me echaste de casa.

—Mami, comemos juntos y soplo la tarta contigo como es nuestro ritual, pero luego, ¿no te importa irte? He invitado a ochenta amigos, he encargado un *catering,* el mejor DJ y la vamos a liar parda.

—No solo no me importa, mi amor, sino que por mí podéis destrozar la puta casa. No hay nada en el mundo que me haga más ilusión que celebres tu cumpleaños.

Esa misma mañana compré tu tarta de chocolate favorita y unas velas con el maravilloso número veintisiete.

Nos sentamos en el sofá blanco del salón delante de la tarta después de comerte más de diez albóndigas con tomate y arroz, tu plato preferido, que es lo único que, si os digo la verdad, me sale bien. Te miré emocionada, te había vuelto ese brillo tan especial a tus ojos color avellana, tus maravillosos rizos habían vuelto a crecer y tu amplia sonrisa estaba de nuevo iluminando el mundo.

—Mamá, gracias por acompañarme en esta aventura, por estar a mi lado siempre, no sé qué hubiera sido de mí sin ti —dijo quitando hierro, como le gustaba hacer para no dramatizar sobre lo que había vivido.

—Mi vida, jamás me des las gracias por eso, yo te doy las gracias a ti, por ser mi hijo, por enseñarme que en la tragedia más grande el coraje y la fuerza pueden con todo. Me siento la madre más orgullosa del mundo, me has dado una lección de vida. Te quiero muchísimo —pude decir porque la emoción me empezaba a embargar, esta vez de felicidad.

No me dejó terminar, demasiado sentimentalismo para él.

—Mami, yo también te quiero, pero lo más importante es que ya tengo pestañas, pelo, barba, neutrófilos y ya no parezco un reptil del Terciario y sobre todo que seguimos aquí... —soltó de repente para hacerme reír. Y lo consiguió, como siempre.

—Pues pide un deseo, hijo.

Aless se quedó callado unos instantes.

—Volver a soplar las velas el año que viene.

No pudo ser...

Esa noche, cuando ya estaba sola en un hotel cercano a casa, me quedé embelesada durante horas mirando desde la cama las luces de Madrid que brillaban a lo lejos, y me dormí con la inmensa felicidad de haber visto cómo soplabas las velas otra vez.

El único cumpleaños que no quiero recordar ahora fue el penúltimo. Estábamos en Nueva York y ese día te habían dado diez horas de quimio, fue el cumple más triste de tu vida..., y de la mía. Sin embargo, Nueva York fue nuestro viaje con destino esperanza.

Miré cómo Madrid, a través de la ventanilla del avión, se quedaba pequeñita envuelta en una nube blanca de polución. En mi bolso llevaba la biopsia y todo tipo de calmantes para su dolor, pero lo más importante era que tanto Aless como su padre y yo llevábamos las maletas cargadas de optimismo.

Atrás dejaba a mis padres, hermanos y amigos, pero no quería pensar en ello, no podía permitir que ni un ápice de sentimentalismo me embargara en ese momento. Estaba plenamente convencida de que mi hijo se iba a curar, y sentía una oleada de fuerza sobrenatural para poder estar a su lado cada segundo.

Cuando ya estábamos en el aire atravesando las nubes que parecían derretirse en el azul del cielo, me quedé largo rato observando a mi hijo. Iba en silencio sentado a mi lado, tan guapo, tan valiente y noble, con esos rizos de oro de su infancia que se habían convertido en color chocolate con la edad, esos rizos que se tendría que cortar nada más aterrizar en Nueva York antes de que la quimio hiciera que se cayeran a mechones.

Tenía marcado en su cara un gesto de entereza que me emocionaba, a pesar del dolor terrible que sufría por culpa de ese maldito tumor que aumentaba a velocidad de vértigo dentro de su cuerpo y que ya no había ningún calmante que lo apaciguara; sin embargo, no escuché ni un solo quejido, ni en ese espantoso vuelo de ocho horas interminables ni en sus dos años de batalla feroz contra el cáncer.

Al otro lado iba sentado su padre, me miraba constantemente sin decir una palabra, un silencio que rompía de vez en cuando con su gran sentido del humor que nos hacía reír a carcajadas aún en esa situación.

—¡*Fuck* cáncer! —soltó de repente despertando a la mayoría de los pasajeros que dormían plácidamente.

—¡*Fuck* cáncer! —añadió Aless riéndose.

—¡¡¡*Fuck* cáncer!!! —me uní a ellos alzando la voz junto con la de algunos pasajeros que se solidarizaron con nosotros. El griterío era cada vez más alto hasta que una azafata educadamente nos mandó callar.

Esa frase se convirtió en nuestro grito de guerra a lo largo de toda su enfermedad.

Por fin escuché a la azafata decir que nos abrocháramos los cinturones, íbamos a aterrizar en el aeropuerto Kennedy. Estaba anocheciendo en Nueva York y las infinitas lucecitas de los rascacielos de Manhattan nos daban la bienvenida. Respiré y apreté fuertemente la mano de mi hijo, estábamos llegando a su salvación.

Cerré los ojos y por un instante recordé ese mismo vuelo a América unos años atrás: Alessandro padre, Aless y yo íbamos sentados en la misma posición, felices y orgullosos porque le acompañábamos a su primer año en una de las mejores universidades del mundo, Duke University. Un puesto que se había ganado a pulso encerrado en su cuarto, estudiando día y noche durante años. Mi orgullo era máximo porque ese curso admitieron solamente a dos españoles.

Qué mierda es la vida.

¡Qué vuelos tan distintos hacia el mismo país! Aquel era de felicidad absoluta hacia un futuro brillante para mi hijo, y este hacia un infierno que le robaría su futuro por mucho que en ese momento me encargara de maquillarlo de esperanza.

La universidad se encontraba en uno de los lugares más bonitos de América, Carolina del Norte, rodeada de exuberantes bosques de pinos, robles, arces rojos y árboles de tulipanes que se teñían de infinitas tonalidades de verdes, rojos y amarillos en otoño. Su impresionante arquitectura era una mezcla de estilo gótico y georgiano con toques contemporáneos.

Según nos aproximábamos a la universidad en su primer día, vi cómo miles de chicos de todas las partes del mundo acompañados por sus padres inundaban los campus conscientes de que entraban en una de las universidades más exigentes del mundo, y que solamente el hecho de ser aceptados era ya un privilegio.

Imposible olvidar su cara de felicidad e ilusión ni el profundo orgullo que sentíamos sus padres y su adorada abuela Sandra, que nos acompañaba en ese día tan señalado.

Previamente habíamos comprado en un inmenso *mall* americano todo lo necesario para su nueva vida a seis mil kilómetros de casa: colchón, sábanas, toallas, platos, cubiertos y detergentes de todo tipo. Aunque si te soy sincera, Aless, no sé para qué te llené tu habitación de diferentes productos de limpieza, porque estudiabas tanto que, cuando te iba a visitar al campus, en tu cuarto, curiosamente las sábanas se tenían de pie.

Recuerdo que te pregunté cuántas veces las lavabas, y me dijiste riendo a carcajadas:

—Mamá, está todo controlado, las lavo cada tres meses, no te preocupes, es que no tengo tiempo para esas cosas. Tengo que estudiar muchísimo y aprobar estas dos carreras sí o sí.

Nos despedimos con un abrazo que jamás olvidaré. Era la primera vez que nos separábamos, el síndrome del nido vacío empezaba a gestarse en mi interior y la preocupación de la gran distancia con España por si le pasaba algo me mataba.

—Mamá, ¡¡¡que no me voy a la guerra!!! Voy a estar bien, tú cuídate, por favor, ya has cuidado de mí dieciocho años, ahora te toca pensar en ti. Te quiero mucho —me dijo en un tono dulce lleno de ternura.

—Yo también te quiero.

Me quedé con ganas de decirle que era el amor de mi vida, que se cuidara, que me cogiera el teléfono cuando le llamara…, pero no pude. Si decía una sola palabra más, empezaría a llorar y no quería que lo viera. Además, a Aless nunca le gustó tanto sentimentalismo, aunque era la persona más sensible que he conocido.

Le vi alejarse y perderse entre un batallón de chicos sin poder evitar que mi emoción se transformara en un río de lágrimas que me acompañó durante todo el viaje de vuelta a España.

Entré en casa, donde parecía que el tiempo se había detenido en una densa pausa. No podía soportar las habitaciones vacías ni el profundo silencio que contrastaba con el inmenso alboroto de los últimos dieciocho años. El maravilloso griterío y las risas de los amiguitos de Aless del cole jugando cada fin de semana en casa, que se convertía en una guardería, los ladridos de los trece cachorros blancos de *golden retriever* que nacieron en casa de nuestra perrita Piccola, mamá de Luna; la música a tope, sobre todo rap y *hiphop,* y las carcajadas de sus amigos que dormían turnándose en el sofá cama de su dormitorio y en todos los sofás del salón durante su adolescencia.

Esa misma noche decidí mudarme a Miami, no sería la madre obsesiva metida en el campus a todas horas, le dejaría levantar el vuelo e independizarse, pero estaría a una hora de avión de Carolina del Norte, y eso me daba la tranquilidad que necesitaba. Cancelé una serie y un programa de televisión que me habían ofrecido y solamente aceptaría trabajos puntuales en España. Ya había trabajado sin descanso los primeros dieciocho años de mi hijo con el sentimiento de culpabilidad de haberme perdido tantos momentos únicos de su infancia. Después de casi cuarenta años delante de las cámaras tenía el suficiente dinero para vivir y pagar la universidad de mi hijo, porque no es más rico el que más tiene, sino el que menos necesita, y yo necesitaba estar cerca de mi hijo.

¿Sabes una cosa, Aless? En estos años he descubierto que en la vida solamente hay dos momentos importantes: el día que naces y el día que descubres para qué. Y yo nací para que fueras mi hijo.

Mudándome a Miami, Aless podría venir a visitarme los fines de semana y yo le visitaría en la universidad. Cinco años de separación eran demasiados, estaba decidida a coleccionar miles de momentos con él, momentos únicos e irrepetibles que ahora no existirían si mi ambición por seguir haciendo cine, series o programas y alimentar mi ego con más premios, aplausos, dinero y fama me hubiera llevado a perder el verdadero propósito de mi vida, que era ser madre, con mayúsculas. Y ser madre no acaba cuando tu hijo levanta el vuelo, ser madre es un privilegio para siempre.

Jamás he podido estar sin hacer nada, por eso acepté escribir un libro de los cincuenta años de mi vida en ese retiro americano durante la etapa de universidad de mi hijo. Un libro que retrata lo que fue mi vida: un universo lleno de luces, focos y lentejuelas que centelleaban cada segundo, que contrasta con lo que se ha convertido ahora; un universo de oscuridad poblado de tinieblas que busca desesperadamente la luz. Porque así ha sido mi vida: la más brillante y la más oscura sin un término medio. He tocado el cielo y vivido en el infierno. A mi pesar me he convertido en la protagonista de un melodrama.

En ese retiro descubrí que el anonimato en un país donde nadie me conocía, la soledad ante un papel plasmando sentimientos, emociones y recuerdos me enriquecían interiormente hasta límites insospechados y que la fama y el éxito no solo no los necesitaba, sino que eran unos impostores que te envolvían como un tornado engañándote sin piedad para que perdieras tu verdadera esencia. Menos mal que nunca lo consiguieron.

Jamás olvidaré las visitas de mi hijo los fines de semana a Miami con sus amigos de la universidad que inundaban mi apartamento de risas, desorden, música y juventud, pero sobre todo nuestras largas conversaciones por la noche acerca de la universidad, su enamoramiento por la vida, una vida que quería comerse a bocados, sus miedos, retos y planes de futuro; donde lo más importante para él era ganar el suficiente dinero para retirarme. Bautizamos esas noches de confesiones entre madre e hijo como las noches de *wine and cheese*.

Una de esas noches, mientras observábamos desde la terraza del piso veinticuatro, en que se encontraba mi apartamento, uno de los mágicos atardeceres de la playa de South Beach con sus miles de kilómetros de arena blanca y ese rojo sol gigante fusionándose con el océano Atlántico, Justin, su mejor amigo de la universidad, que se encontraba con nosotros, dio un sorbo de vino y dijo señalándome:

—Parece más una amiga que una madre.

—*Bro* —le contestó riendo—, mi madre es mi mejor amiga, un poco pesadita a veces, pero mi cómplice *forever*, y mi padre lo mismo.

Aless, tú también eras mi mejor amigo y mi protector, nadie me ha querido ni me querrá tanto como tú, pero es verdad, lo reconozco, un poco pesadita porque nunca me cogías el teléfono en la universidad, y cuando habían pasado dos días sin saber de ti, tenía que dar el coñazo al pobre Justin, que resignadamente me contestaba que estabas bien.

Imagínate cómo me encuentro ahora que cada segundo quiero llamarte, que necesito desesperadamente escuchar tu voz, saber cómo estás, si no me has olvidado... Pero en el cielo no debe haber teléfono o a lo mejor a Dios se le olvidó pagar la factura y lo desconectaron. A veces, cuando la tristeza me quiebra por dentro, intento recordar nuestros momentos de complicidad y de todas las risas que me provocabas con tu alocado sentido del humor. Como aquel fin de semana que viniste a verme a Miami desde la universidad.

Habías conocido a un pibón, modelo de Victoria's Secret, rubia, de ojos azules y un cuerpo de infarto. El problema era que le habías contado que tenías veintiséis años cuando en realidad tenías diecinueve.

—He conocido a una chica y la voy a invitar a comer en casa, pero le he dicho que vivía con mi hermana mayor... Ya sabes, mami, me he añadido unos años y no le voy a decir que vivo con mi madre.

—Pero, hijo, ¿cómo voy a pasar por tu hermana mayor?

—Que sí, ponte unos vaqueros, una camiseta y no te maquilles mucho, por favor. Está empeñada en ver dónde vivo y luego vamos todos a la playa de South Beach.

Y así lo hicimos. Durante la comida todo fue genial, aunque se me hacía raro que me llamaras constantemente Ana en lugar de mamá. El problema vino en la playa.

Me quedé apartada de vosotros tumbada en la arena observando cómo disfrutabais bañándoos en el mar. De repente vi cómo salías despavorido gritando:

—¡Mamáááá! ¡Mamáááá! ¡Me ha picado una medusa!

La chica espectacular en un bikini rojo salió del agua alucinando y te preguntó en inglés:

—¿Por qué llamas a tu hermana mamá?

Nos dio un ataque de risa incontrolable ante tal pillada, pero tú como siempre te las ingeniaste para salir triunfando.

—Es que en España a las hermanas mayores las llamamos también mamá.

Ella sonrió y dijo:

—*Ohhh, so sweet...*

¿Recuerdas ese otro fin de semana de la primavera de tu segundo año en la universidad en el que te visité y me llevaste por la noche a un lugar fascinante? Le llamabais The Garden, un jardín repleto de flores de todos los colores que por la noche se convertía en un espectáculo mágico gracias a las infinitas lucecitas de las luciérnagas que habitaban allí. La luz que creaban era tan intensa que iluminaba toda la belleza que nos rodeaba hasta el cielo. Jamás había visto algo parecido. Nos sentamos en la hierba y entonces me explicaste, dando un sorbo de la cerveza, que todos los estudiantes os reuníais allí los sábados al anochecer para beber y escuchar música porque en América hasta los veintiuno estaba prohibido tomar alcohol.

—¿A que es un sitio mágico? El cielo debe ser algo parecido —dijiste ante mi sorpresa.

—Eso espero, Aless. Qué cosas piensas, aún nos falta mucho a los dos —contesté—. Además, como yo iré mucho antes, te lo prepararé para que esté todo listo y precioso para cuando llegues —añadí riendo.

Te quedaste largo rato en silencio con la mirada perdida como solías hacer cuando te ausentabas sin escuchar absolutamente nada de todo lo que dije a continuación.

—Ya estás otra vez pensando en las musarañas, hijo.

Entonces volviste a la realidad.

—Perdona, mamá, ¿decías algo?

—No, nada, que gracias por traerme aquí, que estoy muy orgullosa de ti y que te quiero muchísimo.

—Y yo, mamá. Pensaba en que tengo muchas cosas que hacer, encontrar a la mujer de mi vida, casarme, tener cinco hijos, trabajar tanto como el abuelo, crear una empresa, ser un político honesto y poder escribir, que es mi verdadera pasión. Así que espero conocer el cielo dentro de muchos años... ¡pero tengo que darme prisa! —dijiste sonriendo en un tono suave y misterioso.

—Claro que sí, hijo, pero sin prisas, tienes más de setenta años para hacer todo lo que te propongas, porque lo vas a conseguir.

—Pues me piro, que me esperan mis colegas en la discoteca de Durham. Te quiero, mamá.

Y saliste disparado dejándome en ese jardín de cuento pensando en nuestra extraña conversación que ahora cobra cierto sentido. ¿Qué misterio envolvió tu vida desde pequeño con esa premonición dando vueltas en tu subconsciente hacia la fatalidad? ¿Por qué tus prisas por vivir intensamente todo siendo tan joven? Y, sin embargo, esa noche vi cómo te perdías feliz en el camino hacia la universidad iluminado por las luciérnagas y tu infinita luz.

Sin esos momentos que llevo tatuados en mi memoria ahora me habría ahogado de pena, porque esos momentos que compartimos en los que te veía feliz los necesito para poder seguir respirando, y para poder borrar para siempre la imagen de tus últimos meses de vida y del sufrimiento inhumano que viviste en el hospital.

La verdad es que no sé por qué me preocupé tanto por ti, en poco tiempo dejaste de ser un españolito entre tantos americanos y te convertiste en un líder por tu extraordinario ingenio y ese sentido del humor y carisma que enamoraba a todos los que estaban a tu alrededor. En un año conseguiste a tu pesar ser uno de los chicos más populares. No había un estudiante en tu promoción que no conociera a Alejandro, como te llamaban con dificultad los americanos arrastrando a duras penas la jota. Además, la canción de Lady Gaga, *Alejandro,* no paraba de sonar en todas partes, por eso me dijiste un día:

—Mami, esta canción me viene guay. A ver si los americanos pronuncian mi nombre bien de una puñetera vez.

Luego me enteré de que habías entrado en una de las más antiguas fraternidades de la universidad, Kappa Sigma, y que acabaste convirtiéndote en leyenda cuando te graduaste.

Esta mañana he encontrado en casa de mis padres la carta que nos mandaste a toda la familia desde la universidad. La tenía guardada mi madre en su cajita de los tesoros que aún permanece intacta en su dormitorio desde que nos dejó. He tardado en poder leerla, he estado mirándola más de una hora antes de abrirla temblando de emoción. Escribías:

Querida abuela, Elo, madre, padre y familia:
No sé cuántas personas leerán o escucharán esta carta, pero ya que estoy tan lejos es una manera de que os acordéis de mí. Disculpad mi español mediocre, pero tanto tiempo aquí ha desviado totalmente la solidez y la riqueza que poseía antes de embarcarme en esta aventura tan bonita y difícil.

¿Por qué me he ido? ¿Por qué he dejado a mi madre siendo lo único que tiene? ¿Por qué he dicho adiós a mi familia, mi novia, a los amigos de la infancia y la gente que quiero?

Es fácil, tengo un nombre, y en España un nombre equivale a muchos prejuicios, y esos prejuicios, aunque me lo nieguen un millón de veces, son el fin de la carrera de economista y político que pienso emprender. Es un mundo fácil, lleno de tentaciones, pero también un mundo para el débil y claramente no para un García Obregón. Este apellido ha sido forjado con sangre, sudor y lágrimas por el abuelo Antonio.

Lejos de apellidos y de excusas metafóricas yo estoy aquí para conocer a mi buen amigo mundo real. Acostumbrado a mi burbuja, ya bastante ambigua en España, llegué aquí sin nada, con una rodilla rota, un corazón roto, y viendo a una madre y un padre despedirse de la infancia de su hijo llorando en silencio, y yo con una sonrisa les dije: «Mamá, papá, no me voy a la guerra, estaré bien».

Nada más entrar por las puertas de Duke juré por mi padre, mi madre, mi abuelo y resto de la familia que no me iba a rendir, y nunca lo haré.

Os escribo desde mi cama que huele a tallarines con pollo teriyaki gracias a mi amigo chino con el que comparto habitación.

Mamá, no te preocupes por mí que ya soy mayor

y te voy a retirar dentro de poco. Papá, forza et ingenio. Besos y abrazos a todos.
　Os quiero,
　Alessandro Lequio

Allí dejaste una huella imborrable, tu voz y tu risa siguen resonando en los interminables pasillos de la facultad y en las enormes aulas. Un pajarito me ha dicho que las nuevas generaciones todavía hablan de ti. Me imagino que esto te hará ilusión saberlo.

Hiciste tus mejores amigos, sobre todo Justin y Liam, y te graduaste con nota en dos carreras en un idioma diferente al tuyo, porque tus ganas de superación eran infinitas. El día de tu graduación tu padre y yo te observábamos orgullosos desde las gradas de ese inmenso estadio desfilando entre miles de chicos de tantos países.

Recuerdo con mucha emoción lo que me dijiste las últimas semanas en el hospital, aunque ya casi no podías hablar:

—Mami, la época de la universidad fue la más feliz de mi vida.

Te voy a contar un secreto, Aless, todos los días voy a tu habitación a darte las buenas noches, y cuando el dolor empieza a morder el alma tanto que no lo puedo soportar, tengo un truquito para poder dormir, aunque solamente sean las cuatro horas que duermo desde que no estás. Pienso que estas aún en la facultad, engaño a la realidad durante unos minutos para cerrar los ojos y descansar.

* * *

La voz de la azafata diciendo que no olvidáramos nuestras pertenencias me hizo volver a la realidad. Habíamos aterrizado en Nueva York, y esta vez no era el primer día de mi hijo en la universidad, ni siquiera el día más feliz de su graduación, esta vez era para salvarle la vida.

Descendimos del avión a duras penas porque Aless estaba en un grito de dolor. Tuvimos que esperar otras dos horas de colas interminables en la aduana de Estados Unidos, donde gracias a Dios no me miraron el bolso, porque, a pesar de que llevaba un informe médico certificando que esa cosa extraña, ese cristal envuelto en parafina, era la biopsia de mi hijo, que no era una bomba química, sentía un miedo aterrador a que me la confiscaran.

Cuando por fin salimos de ese inmenso aeropuerto y antes de coger un taxi, llame al doctor Baselga, nuestro ángel salvador, para comentarle los dolores insufribles que tenía mi hijo en ese momento. Nos mandó directos sin pasar por el hotel a uno de hospitales de urgencia de cáncer en el centro de Nueva York.

Atravesamos Manhattan acompañados de esas estrepitosas sirenas de todos los tonos inimaginables que no cesan de día ni de noche, sonidos estruendosos que no me ayudaban nada para intentar calmarme. Mi corazón estaba roto de verle sufrir tanto. Él permanecía con los ojos cerrados, envuelto en un sudor frío y pálido, en silencio.

—¡Quéjate, Aless! ¡Grita! ¡Di algo, joder! —dije rompiendo el silencio.

—No, mamá. ¿Somos guerreros o somos ovejeros? —pudo decir a duras penas, mencionando una de las frases de la serie de *Narcos* que acabamos devorando en las largas noches neoyorquinas de insomnio compartido.

El hospital que estaba destinado solamente a urgencias de cáncer era inmenso, como el hospital de la Paz de Madrid multiplicado por dos. Dejamos las maletas en la recepción del hospital y nos llevaron a una pequeña habitación donde la morfina en vena por fin hizo que el color rosado de sus mejillas volviera a aparecer.

—Mamá, me siento como en el paraíso —soltó sonriendo desde la cama mientras la morfina apaciguaba su dolor, con ese sentido del humor que nunca perdió ni en los peores momentos.

El doctor ya me había aclarado que los dolores de ese tipo de cáncer son los más terribles que uno puede imaginar. Una vez controlado el dolor a las dos de la mañana de Nueva York y las siete de la mañana en España, salimos del hospital con las benditas pastillas de morfina y entramos en el hotel con todas las maletas para hacer el *checking*.

Solamente esperaba que mi hijo pudiera dormir algo después de lo que me parecía el día más largo de nuestras vidas.

Aless durmió con su padre y yo me pasé la noche llorando para que por la mañana ya no me quedaran lágrimas.

A primera hora llevé la biopsia al hospital que estaba en la Tercera Avenida, cerca del hotel, para acabar las pruebas y diagnosticar exactamente qué tipo de cáncer era.

Había dos opciones: un cáncer incurable o sarcoma de Ewing, que al menos tenía un porcentaje de supervivencia, y, por tanto, había una esperanza de que se curara. Esa mañana durante el desayuno rezamos los tres al universo para que fuera Ewing, tendríamos que esperar tan solo dos días para que nos dieran el diagnóstico, porque, desgraciadamente, en España tardaban ocho días, pues no hay financiación para esa clase de pruebas, por eso en la Fundación de mi hijo que he creado con su padre financiaremos ese tipo de pruebas tan costosas para que puedan estar en todos los hospitales españoles.

A la espera del resultado y con los dolores ya controlados intentamos distraernos dando largos paseos entre los rascacielos de Manhattan bien abrigados, porque, a pesar de haber entrado en la primavera, el frío en Nueva York era intenso. A mi hijo le obligaba a ponerse bufanda, gorro, abrigo y dos jerséis.

—Mamá, por Odín, que me va a dar sarampión y creo que con el cáncer ya tenemos bastante —no paraba de decirme forzando una sonrisa para ocultar su preocupación.

Una tarde regresábamos al hotel atravesando la Quinta Avenida cuando sonó mi móvil. Era la llamada tan esperada del doctor. Puse el altavoz.

—Ana, ¡buenas noticias! Es sarcoma de Ewing. No podemos perder tiempo. Mañana a las ocho de la mañana empezamos la quimio.

Cuando Aless lo escuchó, empezó a dar saltos de alegría, su padre y yo nos unimos a una danza improvisada bajo una de esas lluvias torrenciales repentinas que ocurren siempre en abril en Nueva York. Dejamos que las gotas nos empapasen el alma, sin parar de reír a carcajadas porque por fin había una tenue luz al final de ese túnel en que solamente reinaba la oscuridad. Todos los transeúntes, la mayoría americanos, corrían despavoridos para resguardarse del diluvio mirándonos como si estuviéramos locos, seguro que ninguno se podría imaginar que esos españoles estaban celebrando que el cáncer que tenía su hijo era de los malos el mejor, y que al día siguiente empezaría la quimio, y, por tanto, su curación.

La noche previa al primer día de tratamiento no dormimos ni Aless ni su padre ni yo. No quería ni imaginarme qué estaría pensando mi hijo, qué se siente cuando con veinticinco años te diagnostican cáncer, te enfrentas a las quimios, el miedo, el vértigo a lo desconocido, la palabra «muerte» rondando a tu pesar en cada rincón de tu mente.

No sé qué pensabas, mi Aless, pero de lo que estoy convencida es que todo aquello que sintieras no lo demostrabas para no preocuparme, y esa es la mayor prueba de amor que me han hecho en mi vida.

Recuerdo que me pasé la noche contemplando el techo, intentando distinguir los diferentes tipos de sirenas que hay en Nueva York, porque esa ciudad no dormía, como yo. Miraba intermitentemente por el ventanal de mi habitación esperando que las miles de luces de los rascacielos desaparecieran con el amanecer para empezar de una vez a matar a cañonazos a ese monstruo repugnante que crecía dentro de mi hijo. No podía dejar de pensar en él, era un viernes por la noche y debería estar cenando con sus amigos o en alguna discoteca en Madrid, divirtiéndose, bailando y bebiendo, y no preparándose para la desconocida y terrible experiencia de un primer día de quimio.

Eran las siete de la mañana y, por fin, estaba amaneciendo en Manhattan cuando cogimos un taxi para dirigirnos al MSK Cancer Center, un edificio gigantesco de diez plantas, cada una destinada a un tipo de cáncer con más de seis mil oncólogos especializados trabajando allí.

El padre de Aless me miró mientras entrábamos con cierta tranquilidad por encontrarnos en el mejor sitio del mundo para curarle. Andábamos despacio ocultando los nervios mientras que mi hijo andaba firme, con una entereza indescriptible, era tan fuerte como un huracán en medio de la tormenta.

Nos dirigimos a recepción de la octava planta cuando una enfermera educadamente se dirigió a Alessandro padre diciéndole en inglés:

—Por favor, sígame, ahora le haremos las analíticas antes de ver al doctor.

Aless muerto de risa le contestó:

—¡Que el que tiene cáncer soy yo!

—Oh, *sorry* —se disculpó la pobre enfermera que no podía comprender cómo ese chico tan joven, con casi dos metros de altura, un cuerpo musculado y lleno de salud, fuera el enfermo.

Después de tomar todo tipo de información y hacer las analíticas de sangre, vimos al oncólogo especialista en sarcoma de Ewing que el doctor Baselga nos había aconsejado: el doctor W. Tab, considerado una eminencia en oncología.

No era ni muy alto ni muy joven, tendría unos cuarenta y cinco años, pero detrás de su mirada de genio se ocultaba una humanidad y sensibilidad que no había encontrado hasta ahora.

Permanecí callada por primera vez en mi vida mientras nos explicaba en inglés qué era exactamente el cáncer de mi hijo y qué tipo de tratamiento tendría que hacer, los ciclos de quimio que serían muy potentes, las primeras semanas de diez horas diarias y que el tratamiento duraría nueve meses, porque un cáncer tan agresivo había que frenarlo con la misma intensidad de quimios.

Aless escuchaba muy atento y solamente hizo una pregunta con una frialdad que me congeló las venas:

—Doctor, ¿qué índice de supervivencia tiene mi cáncer? ¿Cuánto tiempo me queda?

Me quedé sin respiración, no podía escuchar nada de probabilidades, ni quería saber índices ni tiempos, pero mi hijo estaba todo el día metido en Google investigando y yo no lo podía evitar.

El doctor sonrió al ver la madurez de ese chico de veinticinco años haciendo esa pregunta.

—Aless, no se puede saber, cada cuerpo humano es diferente, al ser un cáncer raro de niños y jóvenes hay poca información…

El padre de Aless no le dejó terminar y soltó lo que yo me moría por preguntar:

—Doctor, ¿va a salvar a mi hijo?

Se hizo un largo silencio, el silencio más largo de nuestras vidas.

Me quedé clavada observando la mirada serena de mi hijo esperando la respuesta, cada vez más sorprendida por su inmensa entereza a pesar de su juventud.

El doctor nos miró con compasión, asegurando con una voz contundente:

—Sí, le voy a salvar.

Alessandro padre muy a la italiana le dio la mano emocionado, como si estuvieran sellando un pacto entre caballeros. En cambio, yo hice el esfuerzo más grande de mi vida por evitar las lágrimas de alegría, pero era tal mi emoción que no pude resistirme, besando efusivamente al doctor con un *thank you!* que me salió del corazón.

El doctor se quedó paralizado sin saber qué hacer y solamente me dio una palmadita en la espalda.

Cuando salimos de la consulta para dirigirnos a la zona donde se realizaban los tratamientos, Aless riendo me dijo:

—Mamá, por Dios, ¡¡que le has dado un beso al doctor!!

—Ya, hijo, es lo que hay. Yo soy así, impulsiva —contesté riendo también para evitar la tensión de la primera quimio.

Las zonas de quimios son como celdas, casi siempre sin ventanas con una cama, una pequeña silla para el acompañante y una portasueros gigante donde van colgadas las quimios, sueros y demás drogas.

Atravesamos un largo pasillo por el que podíamos ver diferentes pacientes de cáncer de todas las edades tumbados en una cama o sentados en una silla, chicas con un pañuelo en la cabeza, hombres, mujeres, niños, todos enchufados con una aguja en sus venas a un goteo de quimio y con un denominador común: sin pelo y extremadamente pálidos, pero con una mirada de fortaleza que te ponía la carne de gallina.

Muchas veces he pensado que hay dos tipos de mundos: el exterior lleno de vida, luz y quejas, que era el que yo conocía antes, y el de las plantas de oncología de un hospital lleno de dolor, esperanza y sin ningún tipo de quejidos. A muchas personas les vendría muy bien visitar esos hospitales para agradecer todo lo que tienen.

Una enfermera rubia supermusculada que parecía una militar escapada de las Fuerzas Armadas rusas le pidió con una voz excesivamente dulce, que contrastaba con su físico:

—Túmbate, cielo, y relájate, te voy a encontrar una buena vena para tu tratamiento de hoy. No te preocupes, que todo va a ir bien.

—Gracias, eso espero, es mi primera quimio y lo estoy deseando. ¡¡Ya estás tardando!!, por favor —contestó Aless tendiéndole el brazo mientras me miraba y, al verme sonreír, me guiñó el ojo.

Yo le cogí fuertemente de la mano como cuando era pequeño; en cambio su padre, que lo pasa fatal con estas cosas, cerró los ojos intentando hacerse el fuerte.

Antes nos habían dado una hoja con la información del tipo de quimio de ese ciclo, la doxorrubicina, y sus efectos secundarios: diarrea, náuseas, caída de pelo, vómitos, infarto, leucemia, muerte... No pude acabar de leerlo, pero Aless se lo estudió de memoria. Una quimio tan potente que solo se puede administrar cinco veces en la vida.

Después de dos litros de suero para hidratar y protector para la náusea, entró otra enfermera para chequear que nuestra militar lo estaba haciendo bien, aunque todo estaba perfectamente informatizado en un ordenador.

—Ahora viene el goteo de la quimio, Aless, vas a sentir muchas náuseas, mastica este hielo para que no hagan úlceras en la boca, todo va a ir bien —dijo la enfermera militar rubia.

El padre de Aless y yo que estábamos de pie a ambos lados de la cama le sujetamos con fuerza de las manos y empecé a ver cómo esas gotas de veneno-curación entraban en sus venas.

—Estoy bien, estamos juntos, vamos a cargarnos al monstruo, ¡*fuck* cáncer!

—¡*Fuck* cáncer! —repetimos su padre y yo.

La enfermera militar rubia sonrió y pude escuchar que dijo lo mismo, pero muy bajito.

Permanecimos a su lado las ocho horas restantes viendo cómo palidecía entre arcada y arcada sin una sola queja.

La militar entró cuando saltó el odioso bip, bip, ese sonido que indicaba que el tratamiento había terminado, un sonido demoniaco que tengo grabado en mi memoria después de escucharlo cientos de veces y que intento borrar cada día sin resultado alguno.

Antes de levantarse de la cama, nos dijo:

—¡Estoy bien!, mamá, papá, de verdad, pero los que no estáis bien sois vosotros. Os veo un poco pálidos a los dos —soltó con ese sentido del humor tan suyo.

Al caminar el mareo era tan grande que tuvimos que ir a cada lado sujetando a esos casi dos metros de guerrero que había descubierto en mi hijo.

Cuando regresamos al hotel estaba ya anocheciendo, eran las siete de la tarde, el momento donde parece que Nueva York empieza a vivir y las luces comienzan a encenderse simultáneamente en cada uno de los miles de edificios, iluminando la ciudad hasta el cielo. Miré a mi hijo, tan alto y bello, tan joven, con esa palidez verdosa y los ojos perdidos, que a pesar de que apenas podía caminar por culpa del mareo extremo, el malestar indescriptible y las náuseas que le habían provocado esa droga, no decía nada. Es más, una leve sonrisa se dibujaba en sus labios. Su ejemplo de entereza me partía más el corazón.

Nos quedamos los tres en la habitación de Aless, tumbados en la cama, abrazándole entre nosotros como cuando era un bebé. Cerró los ojos durante horas esperando sentirse mejor y con un hilo de voz nos dijo:

—Gracias por estar aquí conmigo.

Me emocionó tanto que apenas pude responder.

—Estamos aquí y estaremos hasta que estés bueno, y jamás nos des las gracias. Somos tus padres y eres lo más importante en el mundo para nosotros.

Le abracé y al principio se dejó, pero luego sonriendo soltó:

—¡Mamá, joder, no te aproveches!

Llevábamos todo el día sin comer, pero no me había dado ni cuenta.

—Mamá, ha dicho la enfermera que pasadas unas horas intente comer algo.

—¿Y qué te apetece, hijo? —pregunté entusiasmada de que sintiera hambre.

—¡*Pizza!*, una *pizza* gigante con tomate, queso, atún y todo lo que haya.

Y entre risas nos tomamos esas enormes *pizzas* en la cama. Seguramente si alguien nos hubiera visto por la ventana, hubiese dicho qué bonita familia de vacaciones en Nueva York. Aunque luego vinieron los vómitos. Mi hijo había superado su primer día de quimio con matrícula de honor.

¿Recuerdas las fotos que hice ese día tomando *pizza* con papá en Nueva York después de tu primera quimio? Aún las tengo guardadas, aunque me cuesta mirarlas porque intento olvidar todo lo que sufriste. Y, sin embargo, siento que al escribir ahora esos recuerdos consigo olvidarlos. Escribir es la mejor forma de borrar recuerdos dolorosos y dejar tatuados en un papel los felices para siempre.

Los días siguientes teníamos que controlar constantemente la temperatura, porque si pasaba de 37,5 °C, teníamos que ir corriendo al hospital. La quimio mata los neutrófilos que se encargan del sistema inmune de defensa del cuerpo, y un simple resfriado puede llevarte a la muerte. Cada treinta minutos le ponía el termómetro, con lo que me gané a pulso pasar de ser mamá a ser doctora termómetro.

Cuando todo parecía ir bien recibimos noticias de España. Nos habían pillado el primer día entrando en urgencias de cáncer y estábamos en la portada de una revista. Mis padres se enteraron por la prensa de que su nieto adorado tenía cáncer. Si supieran cuánto daño pueden llegar a hacer, no jugarían con la salud de un chico que siempre estuvo al margen de los medios, con el único objetivo de ganar un dinero sucio y repugnante con las ventas. No quise esperar más tiempo y llamé a mi madre para intentar tranquilizarla.

—Mamá, perdona que no te dijera…

No podía seguir porque al otro lado del teléfono solo escuchaba a mi madre llorar desconsoladamente y un nudo en la garganta me lo impedía.

—Mamá, no te lo dije para no daros un disgusto a papá y a ti, pero no te preocupes, estamos en el mejor sitio. Aless se va a curar, te lo juro, por favor, no llores.

—Hija, quiero ir con vosotros, pásame a Aless… —consiguió decir con un hilito de voz entre sollozos.

—Abuela, voy a estar bien, en breve nos estamos tomando nuestros *gin-tonics,* te quiero mucho.

—Y yo te quiero, mi vida —alcanzó a decir mi madre, porque el llanto que no podía evitar la obligó a colgar.

Pasados unos días, Aless empezó a recuperarse de los estragos que causa la quimio. Esa mañana, mientras intentaba desayunar entre náusea y náusea un zumo de naranja y un *bagel* en el hotel, se quedó mirándonos a su padre y a mí, y con una sonrisa quitando importancia al asunto nos dijo:

—Creo que hoy nos toca ir a la peluquería, he visto algún desagradable pelillo rondando en mi almohada y creo que ha llegado el momento de cambiar el *look.*

Buscamos una barbería en la zona del Greenwich Village. Es como un pequeño pueblecito alejado de los rascacielos, con árboles y flores adornando calles con casas pequeñas de piedras rojas.

Intenté no emocionarme mientras veía cómo sus preciosos rizos caían a cámara lenta chocando contra el suelo, y su mirada ausente y de una fortaleza indescriptible fija en el espejo.

—Hay que ver lo positivo, padres. Ahora no me tendré que peinar ni afeitar, con lo que sabéis que me cuesta hacerlo cada día.

Fueron sus únicas palabras riendo mientras yo intentaba acostumbrarme a ver su cabecita totalmente rapada que no restaba nada de su belleza de alma ni de su exterior. Es más, la ausencia de pelo le añadía un plus de belleza, como a todos los héroes sin capa que luchan contra el cáncer.

Ese día comimos en uno de los restaurantes más famosos del Village por sus hamburguesas y decidimos ir a Central Park a pasear y respirar un poco después de tantas horas de hospital y habitación de hotel. A fin de cuentas era primavera en Nueva York y Central Park estaba precioso.

Mientras paseábamos entre los viejos olmos, inmensos pinos y multitud de flores de todos los colores, nos acercamos al Jacqueline Kennedy Onassis Reservoir, el lago más grande del parque. Me quedé largo rato mirando a mi hijo, con sus vaqueros desgastados, la sudadera azul con capucha y su gorra de Duke favorita hacia atrás.

Desde pequeño Aless vivía pegado a su gorra, no era una cuestión de estética en ese momento para tapar su ausencia de pelo, a él nunca le importó su exterior ni sus *looks,* ni qué opinaría la gente si le veía varios días o semanas igual vestido, para él todo eso era una pérdida de tiempo.

Caminábamos en un profundo silencio que se rompió cuando los tres dijimos al unísono:

—¿Y si nos hacemos unas fotos y destrozamos la exclusiva de la revista que nos robó la intimidad?

Me pareció magnífica la idea, así que los tres nos pusimos la gorra de la solidaridad, nos fotografiamos sonriendo y la subimos a Instagram anunciando lo que ya toda España sabía por culpa de una revista, que mi hijo tenía cáncer.

Unos días después intenté no emocionarme cuando despedimos a Alessandro padre que tenía que regresar a España a trabajar. Vimos cómo su taxi amarillo se alejaba despacio por la Tercera Avenida.

Aless me sujetó con cariño por los hombros.

—Mami, ahora nos quedamos solos tú y yo en esta aventura americana.

—Así es, mi vida, siempre juntos.

Nos quedaban por delante siete meses de quimio en Nueva York en los que la esperanza se había convertido en una afirmación y realidad: mi hijo se iba a salvar.

Está anocheciendo en Madrid. Es momento de volver a mi aquí y ahora, creo me toca enfrentarme brutalmente a la realidad. Estoy en casa sola rodeada de un profundo silencio, parece como si todos los relojes del mundo se hubieran parado. Siento un huracán de sentimientos que intento escribir en este papel, pero por hoy no puedo más porque mi alma vuelve a sangrar.

Hoy cumplirías treinta maravillosos años.

Tengo tu tarta de chocolate y tus velas, las apagaré contigo mientras Luna y mamá te cantan *Cumpleaños feliz* en mi sueño, al otro lado, donde estés, amor de mi vida.

4

MAMÁ, QUIERO VIVIR

*Me siento feliz de poder estar aquí, comiendo sin vomitar,
fuera del hospital y respirando vida.*
Aless Lequio

Agosto del 2022. Hace unas semanas regresé a El Manantial, nuestra adorada casa familiar en Mallorca. Aterricé de nuevo en este extraño verano de un calor sofocante y enorme sensación de vacío porque las ausencias de mi madre y mi hijo me ahogan como la soga que rodea el cuello del que están a punto de ahorcar. Y, sin embargo, ahí estaba en la portada de una revista sonriendo en bañador y desangrándome por dentro.

Después de cuatro años he vuelto a hacer lo que los medios de comunicación bautizaron como el «mítico posado de verano» que durante casi cuatro décadas daba la bienvenida a la estación del sol, la luz y las vacaciones en España. Imposible sonreír delante de las cámaras buscando a una Ana Obregón en mi interior que ya no existe, una Ana a la que las posturitas metiendo tripa y conteniendo el aire para salir mejor en las fotos no le importan lo más mínimo.

Mi Aless, te gustará saber que al final lo conseguí. Tengo un truco para poder ponerme delante de una cámara y trabajar que nadie conoce. Bueno, solamente mi maquillador, que hace lo imposible para tapar los ojos hinchados de tanto llorar. La noche anterior dejo que las lágrimas salgan a borbotones hasta que se convierten en un llanto seco, y en ese grito que mi boca no grita. De esa forma a la mañana siguiente ya no quedan lágrimas, puedo sonreír y volver a posar en bañador sabiendo que el beneficio está destinado a tu Fundación para la investigación del cáncer como era tu deseo, y eso me da unas fuerzas inconmensurables.

Ojalá sientas donde estés que con tu lección de vida me has transformado a ser mejor persona, a ser compasiva y solidaria, a transformar mi dolor ayudando a los demás. Nunca te lo dije, Aless, pero quiero que sepas que el posado de verano empezó en 1992, el año en que naciste, y que fue por ti. En realidad, todo lo que he hecho en mi vida ha sido por ti, incluso muchos años antes de que tú nacieras, de jovencita, yo quería convertirme en esa mujer de la que cuando tú vinieras al mundo te sintieras orgulloso de que fuera tu madre. Todo lo que fui, lo que soy y lo que seré es por y para ti, hijo mío.

Ese verano con apenas unos meses quise llevarte a la playa, pero una veintena de cámaras nos agobiaban siguiéndonos hasta la arena. Me sentía en medio de una rueda de prensa de la que no quería formar parte contigo en brazos que, como es normal, no parabas de llorar. Hice un pacto con los medios: posaría delante de sus cámaras regalándoles mil posturitas en bikini, traje de baño entero, trikini, sacando pecho, dentro del agua a remojo, saltando las olas, revolcándome en la arena… Todo lo que quisieran con la única condición de que luego me dejaran tranquila el resto del verano, y de esa forma poder disfrutar en la playa contigo como cualquier madre. La verdad es que tristemente solamente lo respetaron dos años.

Me he traído tu ordenador como si fuera la joya más preciada del mundo, donde en algún lugar se encuentran los capítulos del libro que empezaste a escribir con tanta ilusión en Nueva Jersey cuando te encontrabas en medio de las quimios, radioterapias y múltiples ingresos. Ese libro que no pudiste terminar y que querías publicar donando los beneficios a la investigación del cáncer. No tengo la contraseña y me desespera no saber cómo encontrarla o llegar a bloquearlo si escribo la incorrecta. Por un lado, me da miedo leerlo porque no sé si voy a aguantar tanta emoción; por otro, me muero de ganas, pero en cualquier caso necesito continuar con todo lo que no pudiste terminar, ese es precisamente el oxígeno que me mantiene respirando. Porque…, mi Aless…, aunque mi corazón se paró con el tuyo, he aprendido que el corazón no muere cuando deja de latir, sino cuando sus latidos dejan de tener un sentido. Y el único sentido de mi vida es continuar con tu legado.

Además, nunca olvides que tú y yo tenemos un «pacto secreto», es un pacto único y milagroso que hicimos en tu última semana de vida en el hospital. Fue tu última voluntad, no es tu libro ni tu Fundación, y te juro que lo voy a cumplir por inalcanzable y difícil que parezca, porque es el pacto que da sentido a mis latidos y me perdona la vida cada día.

A lo mejor lo revelaré al final de tu historia, cuando acabe de encontrar las palabras para describir esta montaña rusa de sentimientos que buscan con desesperación manifestarse en un papel, pero tendrás que visitarme en mis sueños otra vez para darme permiso.

No es verdad que el duelo finaliza con el tiempo, es absolutamente falso que el tiempo lo cura todo, en ninguna pérdida y menos cuando has perdido para siempre a tu único hijo. Cada día que pasa es peor, porque el duelo se asemeja a unas gafas excesivamente graduadas que crea tu cerebro con el fin de distorsionar la cruel realidad y de esa forma poder soportarla, pero, poco a poco, con el paso de los meses vas enfocando mejor, y entonces tienes que enfrentarte brutalmente y de golpe a tu realidad. Al final te das cuenta de que la cura del dolor es el propio dolor, que no hay que reprimirlo, sino sentirlo y dejarlo fluir.

Por eso cada segundo sin ti siento un dolor infinito y una rabia feroz que me revienta por dentro. Rabia de que no puedas estar aquí en este momento, viviendo este mágico atardecer de agosto en Mallorca, navegando otra vez por la vida o por ese mar que adorabas desde pequeño, con tus amigos, algún amor o los hijos que nunca tuviste. Me arrancaría la piel de cuajo, gritaría hasta mi último aliento, me taparía la boca para dejar de respirar como tú, me enterraría en la arena muy profundo para regresar a la madre tierra que te acogió y envolvió.

¿Puedo vivir por ti, hijo mío? ¿Despertarme, gritar, reír y amar por ti? ¿Puedo ser quien fuiste? Ser quien serás, perseguir cada uno de tus pasos, todas las huellas que dejaste tatuadas en mi alma. ¿Puedo ser el futuro que te robaron? Porque de esa forma seguiré perdonándome la vida cada día, porque gracias a ti continúo.

Mira, Aless, te voy a recordar cómo es el atardecer en El Manantial por si lo has olvidado. Hacia un lado el sol acaricia el mar tiñéndolo de rojo, hacia el otro las montañas se oscurecen detrás de las copas de los pinos centenarios que rodean la casa. Escucho el griterío de algunos niños jugando aún en la misma playa donde hiciste tus primeros castillos de arena, y luego un silencio profundo que se ha convertido en una canción de soledad. Me llega ese intenso olor a mar, pinos y adelfas que tanto te gustaba. «Huele a vacaciones, mamá», siempre me decías.

Estoy aprendiendo a vivir en un «sin». Camino sin caminar, respiro sin respirar, grito sin gritar, vivo sin vivir, intento existir sin ti. Joder, Aless, ¡qué difícil es esto! Si al menos tuviera el valor que tú me enseñaste.

Pero yo no soy tan valiente como tú.

Mamá, ¿estás cuidando de tu nieto? Por favor, dale todo el amor que yo no puedo. Abrázale para que no se sienta solo en ese infinito del todo que es vuestro hogar ahora. No te preocupes, porque yo estoy cuidando de papá con todo mi amor de la misma forma que cuidé de ti hasta que nos dejaste. Sigue en la silla de ruedas y casi ha perdido toda la visión. Permanece todo el tiempo con los ojos cerrados, creo que duerme todo el día porque no quiere sentir la realidad de tu ausencia. Ojalá yo pudiera hacer lo mismo.

Cada mañana le doy su desayuno favorito, las deliciosas ensaimadas mallorquinas con el café con leche, mientras le pongo su canción favorita de Frank Sinatra, *Fly me to the moon,* después le acerco en la silla de ruedas hacia la extensa terraza que rodea el mar.

—Papá, te he traído al borde del mar, ¿puedes olerlo?

Él se queda con los ojos cerrados inmerso en su mundo y después de un largo silencio siempre me pregunta como si se despertara de un interminable letargo:

—Sí, huelo el mar, pero ¿tú quién eres?

—Soy Ana, tu hija —le recuerdo dos o tres veces al día con el tono más dulce que encuentra mi voz.

—¡Anaaa! —Su cara se ilumina sonriendo, lleno de alegría como si lleváramos años sin vernos—. ¿Dónde estamos?

—Papá, estamos en Mallorca, en la casa maravillosa que construiste hace cincuenta años —contesto intentando situarle.

Él se queda callado y después de una eterna pausa pregunta lo mismo de la forma más esperanzadora que he escuchado.

—¿Y mamá?

—Mamá está muy bien. Está en Madrid poniéndose buena y me ha dicho que te quiere mucho y que te dé un beso de su parte —contesto mintiéndole mientras le beso con ternura.

—¿Y Aless? ¿Va a venir contigo a Mallorca?

No puedo responderle porque la emoción me lo impide, y solo puedo abrazarle con todo el amor para que no vea mis lágrimas mientras se dibuja en su cara una inmensa paz que le acompaña el resto del día.

Me pregunta siempre por ti, Aless, y por ti, mamá, pero ya no le digo que estáis en el cielo. Al principio sí, pero lloraba cada vez que lo hacía y he tenido que maquillar la verdad. Sé que está deseando irse contigo, mamá, porque siempre serás el amor de su vida.

Ahora mi padre está en el hospital de Palma, le tuvimos que ingresar hace unas semanas, y, aunque estoy todo el día con él, cada vez que empiezo a recorrer esos largos e interminables pasillos me tiemblan las piernas y siento que me voy a desmayar.

Odio los hospitales que han sido prácticamente mi casa durante tantos años acompañando a mis padres y luego a mi hijo. También odio su olor. Ese olor que es un cóctel repugnante de dolor, productos de limpieza para enmascarar las heridas, desinfectantes y esperanza que han ido penetrando en mi epidermis quedándose a vivir en mi piel para siempre.

Aless, mi amor, tú desgraciadamente has conocido bien los hospitales de Madrid, Barcelona, Nueva York y Nueva Jersey, y ahora que tengo que estar con tu abuelo vuelvo a recordar cada segundo de tus años de sufrimiento. Como aquella tarde de finales de abril de 2018 en Nueva York.

Alessandro padre había regresado a España para trabajar hacía dos semanas, nos quedamos solos mi hijo y yo para continuar con nuestra aventura americana en ese frío y horrible hotel donde el gris de las paredes impregnaba hasta el aire de cada habitación.

Ese día Aless se encontraba más recuperado de su primer ciclo de quimios y ya estaba preparado para iniciar a la mañana siguiente el segundo de cinco días seguidos.

Abrí la ventana de la habitación del hotel, olía a primavera a pesar del frío, el cielo se había vuelto de un azul intenso y el sol se reflejaba en los cristales de las ventanas de los rascacielos, transformando Manhattan en una ciudad de múltiples espejos superpuestos.

—Mamá, me abrigo todo lo que quieras, pero, ¡por Dios!, salgamos de este hotel que me va a dar un yuyu, vamos a ese sitio tan bonito que me contaste al que ibas a comer cuando estudiaste Arte Dramático aquí en Nueva York —suplicaste.

A mí me daba pavor porque el oncólogo nos había insistido en que no se podía ni acatarrar por la bajada de defensas de la quimio, pero me sentía incapaz de retenerle alejado de los virus en una burbuja de cristal.

—Claro que sí. Abrígate y vamos al Tavern on the Green, en Central Park, que ahora en primavera está precioso.

Fue un día inolvidable de risas compartidas entre madre e hijo donde todo se detuvo, desde el tiempo hasta el cáncer.

Al regresar al hotel le noté más pálido de lo normal, no me preguntéis por qué, pero una madre siempre sabe cuándo su hijo tiene fiebre. Apoyé mis labios en su frente y estaba ardiendo. Corriendo busqué el termómetro y se lo puse debajo de la axila. ¡Casi me muero al leer 103 grados!

—Mamá, ¿cuánto tengo? —me preguntó al ver mi cara de susto.

—103 grados —dije con un hilo de voz—, pero este termómetro está mal seguro.

—¡Mamá, por Dios!, que son Fahrenheit. ¡Cámbialo a centígrados! —apuntó muerto de risa.

—Hijo, no sé cómo se hace. Este termómetro solo tiene eso. ¡Qué liantes son estos americanos! ¿No pueden tener un termómetro normal?

Rápidamente Aless recurrió a Siri.

—Oye, Siri, ¿cuántos son 103 grados Fahrenheit en centígrados?

—¡Son 39,5 °C! —cantó Siri con su voz de pito.

Casi me da algo. Noté cómo las piernas me empezaban a temblar, las palabras del oncólogo diciendo que si pasaba de 38 grados de temperatura teníamos que ir corriendo a urgencias me estallaban en la cabeza. Significaba que bajaban los neutrófilos, neutropenia, y que un simple catarro podía ser gravísimo. No quería que mi hijo notara en ningún momento mi preocupación porque durante toda su enfermedad nos convertimos en el espejo en el que nos mirábamos mutuamente para tranquilizarnos.

—Pues nada, mi vida, abrígate otra vez y nos vamos de paseo a urgencias.

—Vamos, mamá, ¡a por la segunda batallita! —propuso sonriendo cada vez más pálido mientras se ponía dos jerséis, la bufanda, el abrigo y su inseparable gorra.

Intenté buscar un taxi, pero para poner las cosas fáciles se había desatado una intensa lluvia primaveral y para colmo era la hora punta en Nueva York. Pedí a Aless que esperara dentro del hotel para que no se empapara. Más de veinte minutos después el taxi llegó y nos plantamos en urgencias.

El hospital de urgencias de cáncer no era como el primero al que tuvimos que ir nada más aterrizar en Nueva York, era tres veces más grande. No me podía creer que más de ochenta personas en la sala de espera fueran todos pacientes de cáncer. Me colé dirigiéndome a la enfermera de recepción, porque Aless cada vez se encontraba peor. Sabía que tenía que exagerar un poco, algo que siempre se me ha dado muy bien y tenía mucha experiencia.

—*My son has 110 degrees* —le dije en inglés muy seria.

A la enfermera casi le da algo, no sé cuántos grados me inventé, pero surtió efecto porque llamó corriendo a varias compañeras que nos metieron en una habitación pequeñísima.

—Mamá, ¿qué historia le has contado? —me preguntó mientras se sentaba en la camilla porque empezaba a marearse.

—Pues que tenías 110 *degrees* —contesté quitándole importancia.

—¡Qué grande eres, mamá! Le acabas de decir a la enfermera que tengo 43 grados de temperatura. Es lo máximo antes de palmarla, no me extraña que nos hayan colado —dijo sonriendo.

A los pocos minutos entró el doctor y dos enfermeras para hacer la analítica, algo que debido a sus finísimas venas siempre era tarea difícil. Después de doce intentos buceando con la aguja en los dos brazos tratando de encontrarlas sin éxito, por fin llamaron a otra que se suponía tenía una matrícula de honor en tal menester. Y cómo no, la enfermera, que era de Asturias, encontró la vena a la primera.

—Española tenías que ser. ¡Viva España! —exclamó Aless después de aguantar estoicamente en silencio toda la carnicería.

En ese momento recordé cuánto amabas a España. He guardado con mucho cariño lo que me escribiste desde la universidad, cuando tenías diecinueve años:

Soy español, orgulloso de mis raíces, orgulloso de lo que me han dado y dispuesto a seguir dando todo por mi país. Un país no se mide por lo que es ahora, se mide por lo que ha sido. Y España tiene historia. La historia es la biblia, la memoria, la conciencia y la luz de un país. España es la cuna de artistas, novelistas, autores ejemplares, pensadores imprescindibles y personas magníficas. España es la madre patria. Y tú, mamá, la madre que me parió. ¿Mamá? ¿España? En mi corazón.

La voz del doctor con los resultados de la analítica me devolvió a la realidad.

—Tu hijo está con defensas cero. Se ha quedado sin neutrófilos por la quimio, está casi sin plaquetas y se tiene que quedar ingresado en aislamiento varios días.

—¡Ya ves, mamá, el «catarro oncológico» empieza a dar por saco! —soltó Aless con su forma genial de llamar al cáncer para desdramatizar.

—¿Pero puedo quedarme con él? Me encuentro

perfectamente y no le puedo contagiar nada. Me pongo la mascarilla y el traje de buzo si es necesario —rogué al doctor.

Nos quedamos en una habitación tan pequeña que solo cabía la cama y una especie de sillón abatible. Lo importante era que los niveles en sangre se estabilizaran para continuar lo antes posible con la quimio, porque en el tratamiento de ese cáncer tan agresivo no puede haber pausas, el tiempo es vital. Enseguida le pusieron la inyección de Neulasta, que estimula el crecimiento de glóbulos blancos sanos en la médula ósea para combatir infecciones, crea un batallón de esos glóbulos tan necesarios que se comen las quimios.

Nos disponíamos a pasar la noche más o menos tranquilos porque la fiebre empezaba a remitir un poco. Me acurruqué en el sillón, vestida con una especie de bata verde, mascarilla y un gorrito. Te veía con tanta entereza a pesar de todo lo que estabas viviendo que ese día aprendí que no importaban los meses de no dormir en un sofá de hospital a lo largo de tu enfermedad, porque el que luchaba eras tú.

Sonó mi móvil. Llamada del de recepción del hotel.

—Buenas noches, tiene que dejar el hotel, señora. En Estados Unidos no se puede estar más de veintiún días, la hemos llamado muchas veces y no ha contestado. Hemos hecho sus maletas y están en la recepción.

—¡Espere un momento! Son las ocho de la noche, estoy con mi hijo en el hospital. ¿Cómo que han hecho mis maletas? ¿Han entrado en nuestros cuartos? Por favor, ¿puede guardarlas hasta mañana? Le doy mi número de tarjeta —contesté agobiadísima porque no pensaba dejarle solo.

—No, tiene que venir a pagar ahora personalmente y recoger las maletas —confirmó en un tono muy serio.

—¡¡Serán cabrones!! —grité en español sin colgar, no importándome lo más mínimo que me entendieran, porque me salió del alma.

—Mamá, ¿qué pasa? —preguntó de un sobresalto.

—No pasa nada, hijo, tranquilo. Que nos echan del hotel y tengo que ir a pagar ahora. No aceptan la puñetera tarjeta por teléfono ni nos guardan las maletas.

Aunque las cosas se ponían difíciles en ese momento no lo sentí, el chute de adrenalina volvía a estallar por dentro. Pensé en la cantidad de veces en mi vida que me había agobiado por el estrés de no llegar a todo, a ser la mejor madre, excelente profesional, una hija cariñosa, la mejor amiga… y todo eso en ese momento me parecía tan… tan… fácil.

Tenía que buscar rápidamente soluciones porque me quedaba en la calle en Nueva York, sin maletas y con mi hijo hospitalizado. En cinco minutos encontré otro hotel, en Madison Avenue, reservé otras tres semanas teniendo en mi pensamiento que si en algún momento estuviéramos un poco tranquilos debía buscar un apartamento, porque aún nos quedaban seis meses más de tratamiento.

—Mi vida, te dejo solo una hora, ¿no te importa? Voy al hotel, pago, recojo las maletas, cambiamos de hotel y vuelvo pitando.

—No me importa nada, mami, estoy bien —me dijo desde su cama con un hilo de voz para tranquilizarme.

No estabas bien, estabas muy pálido, con fiebre y te encontrabas fatal. Tenía miedo de dejarte solo en el hospital, no sabía si las defensas subirían, si cogerías un virus que no pudieras combatir. Estaba acojonada, aunque no te lo dijera.

Salí disparada, pero con mi despiste habitual me olvidé el paraguas en la habitación. En Manhattan ya era de noche, se había levantado un viento huracanado que intentaba arrastrarme sin éxito y seguía diluviando. Mientras esperaba el taxi, me empapé hasta los huesos y la lluvia no alcanzaba para tantas lágrimas que reprimía cuando estaba con mi hijo. Lo que hubiera dado en ese momento por tener a alguien al lado para ayudarme, sujetarme la mano y quitarme el miedo espantoso de que si me pasaba algo no podría cuidarle y le dejaría solo tratándose un cáncer a miles de kilómetros de casa.

La gente tiene miedo de andar de noche sola en Nueva York, yo lo tenía antes por culpa de tantas películas de asesinos en serie, pero en ese momento me comí el miedo, esperé casi media hora hasta encontrar el taxi, rogué al taxista que esperara al llegar al hotel para coger las maletas y seguir, pero no le dio la gana. Pagué en el hotel, cogí las maletas sin ninguna ayuda, ni del portero, encontré otro taxi que me llevó a nuestra nueva residencia, hice el *checking* y regresé al hospital vistiéndome de buzo otra vez por el aislamiento.

Mi hijo estaba tumbado en la cama en un grito de dolor en la espalda, que ocurre cuando la médula empieza a crear el batallón de soldados o glóbulos blancos para subir las defensas.

—Ya está todo organizado en el nuevo hotel. He cogido dos habitaciones conectadas para que pueda darte el coñazo con el termómetro, hijo.

—Gracias, mami —me dijo muy bajito por el dolor.

—Gracias a ti, que eres un campeón. Ni se te ocurra jamás darme las gracias por nada.

—Eres una mamá biónica —me bautizó sonriendo. Me imagino que por verme vestida de una especie de astronauta verde por su aislamiento. Nunca te lo pregunté y no sé qué quiere decir exactamente ser biónica, yo me lo tomé como lo más bonito que me habían dicho jamás.

En cinco días los glóbulos se normalizaron y por fin salimos del hospital directos a una buena cama en el nuevo hotel, algo que necesitábamos los dos.

Cuando eres una novata en esto del cáncer, te vas enterando a tu pesar de lo que es el viaje que emprenden treinta y dos personas cada hora, y doscientas mil personas al año en España.

Sin saberlo, el viaje de Aless solo acababa de empezar. Nada más llegar al hotel nos llamó su oncólogo.

—He programado para mañana una intervención porque le vamos a poner un Port-a-Cath —me dijo en inglés.

No le dejé terminar. Esa palabra me sonaba fatal y no entendía el porqué de una operación ahora.

—Perdón, doctor, ¿qué es un Port-a-Cath? ¿Cómo se dice en español?

—Se dice igual, es un acceso para un catéter que se introduce por la vena subclavia hasta la vena cava superior. Lo hacemos para poder poner las quimios, porque las venas acaban quemándose, se realiza en el quirófano con anestesia.

—Muy bien —contesté mientras la cabeza me daba vueltas imaginándome ese catéter por todas las venas cerca del corazón de mi hijo, mareándome, hasta el punto de que me tuve que sentar.

—Mamá, ¡qué exagerada eres! Que no es nada —dijo Aless para no preocuparme.

Cada día me sorprendía más con su optimismo y entereza.

A las ocho de la mañana ya estábamos en el hospital dispuestos para la intervención. Amablemente me dejaron esperando en una sala mientras veía cómo se llevaban a Aless, que intentaba sonreírme desde la camilla.

—En una hora puede visitarle en la habitación. Le venimos a buscar entonces —me informó una enfermera.

Una hora que se me hizo eterna hasta que por fin la enfermera vino a buscarme advirtiéndome de que estaba muy sedado aún. Entré en la habitación y Aless estaba profundamente dormido.

—Mi vida, ya estoy aquí y todo ha ido muy bien —susurré bajito de la manera más dulce que pude.

En ese momento Aless abrió los ojos de par en par, empezó a mover todo el cuerpo de una manera compulsiva, emitiendo unos sonidos extraños que no entendía. Grité a la enfermera en español porque no me salió en inglés:

—Socorrooo. ¡¡¡Socorrooo!!!

Y entonces comenzó a reírse como un loco.

—Mami, ¡¡que era broma!! Estoy bien, era para quitarle hierro a todo esto.

—Hijo, eres mejor actor que yo. ¡Casi me matas de un infarto!

Apenas pude decir nada más, porque acabamos los dos riendo a carcajadas en esa habitación del hospital ante una enfermera que había acudido a mis gritos de socorro y que obviamente no entendía nada.

¿Sabes una cosa, Aless? Sin tu sentido del humor no hubiera sido tan fácil para mí acompañarte en tu batalla.

En Nueva York el frío empezaba a dar paso a una temperatura más agradable y la primavera de una forma tardía comenzada tímidamente a manifestarse. Hasta nos habíamos acostumbrado a las incesantes alarmas que no cesaban nunca, transformándolas en mi cabeza en el *Nocturno en mi bemol* de Chopin, mi preferido. Agradecí haber desarrollado durante muchos años mi imaginación, tan necesaria en ese momento para transformar la amarga realidad en algo más dulce. Hasta me compré en internet un vestido precioso blanco con cerezas rojas que se convirtió en mi uniforme para que me hijo me viera guapa y en su favorito.

—Mamá, ¡¡¡por fin!!! Cambias tu uniforme de vaqueros, llevo meses viéndote igual. Estás muy guapa.

—Gracias, mi vida —respondí emocionada.

Cuando tu hijo te dice eso, se convierte en el piropo más bonito que te han dicho nunca.

Cada mañana a las seis me despertaba para arreglarme, no lo hacía como a lo largo de mi carrera profesional para estar guapa en una alfombra roja o salir bien en una sesión de fotos. No. Lo hacía con más amor para que me viera guapa y fuerte, para transmitirle tranquilidad. Me maquillaba las profundas ojeras minuciosamente, hasta me pintaba los labios. Y le despertaba para dirigirnos al hospital para su segunda tanda de quimio de doce horas diarias, cinco días seguidos, con los niveles en sangre ya estabilizados.

El ritual siempre era el mismo: analíticas antes de la quimio y luego te dirigían hacia la zona de tratamientos, recorríamos juntos esos pasillos que olían a quimios de todo tipo, con habitaciones pequeñitas a los lados ocupadas por enfermos de cáncer de todas las edades, sexos y razas y sus acompañantes. Jamás he visto miradas tan llenas de complicidad, esperanza y amor.

—*Please,* ¿me pueden dar hoy una habitación con vistas al mar? —preguntaba siempre Aless dirigiéndose a la misma enfermera que riendo nos llevaba a una habitación con una ventana pequeñísima desde la que imaginábamos que veíamos ese mar azul del Mediterráneo que cada verano observábamos desde la terraza de la casa de Mallorca.

No es fácil para una madre ver cómo entra ese veneno-curación en las venas de tu hijo, cómo palidece, cómo vienen las arcadas, el malestar indescriptible, y mucho menos fácil tiene que ser vivir esa experiencia para un chico de veinticinco años, pero Aless siempre todo lo ponía fácil.

—Ya está, mamá, ¡¡un día más, un día menos!! ¡Al hotel! —susurraba mientras intentaba levantarse de la cama a pesar de la debilidad y sonaba el bip, bip, bip... Ese sonido odioso que avisa el final de las doce horas de quimio.

Fue precisamente al quinto día, tras finalizar esa tanda tan agresiva de quimios, cuando por primera y única vez en todos los años de su lucha pude observar cómo el guerrero invencible, al que me había acostumbrado, bajaba la guardia dando paso a una profunda tristeza.

Entrábamos en el vestíbulo del hotel a duras penas porque casi no podía caminar, aunque yo hacía lo imposible por sujetar esos casi dos metros de altura repletos de coraje.

En el vestíbulo había una veintena de chicos de su edad, todos iban vestidos para irse de fiesta. Las chicas llevaban minifaldas de lentejuelas de todos los colores imaginables; los chicos, engominados y perfumados, reían a carcajadas cantando una canción en inglés. El tiempo se detuvo.

A un lado estaba esa tropa de juventud y felicidad máxima; al otro, mi hijo con su uniforme de chándal gris para las quimios, demacrado y que casi no se tenía en pie por el intenso mareo. Me quedé observando a Aless cómo los miraba desde su extrema palidez, y entonces pude ver una tímida lágrima que se le escapó resbalando a cámara lenta por las mejillas. No era una lágrima de rabia, ni de queja ni de envidia, ni siquiera de la tremenda injusticia que estaba viviendo tan joven. Era mucho peor, era una lágrima de tristeza. Su cara de adulto se transformó en la misma cara de cuando era un niño de cuatro años, volvían sus rizos de oro, su ternura e inocencia y susurró:

—Mamá, ¿por qué me pasa esto a mí, si soy bueno?

No pude responder, esa lágrima, esa única lágrima en toda su enfermedad me desgarró el alma y no puedo evitar mis lágrimas ahora al recordarlo.

El tiempo pasaba con una lentitud desmesurada entre la habitación de hotel, el hospital, los ingresos, las quimios, y algunos paseos por Central Park cuando por fin recuperaba las fuerzas.

Recuerdo que era mayo, porque jamás olvidaré ese Día de la Madre en Nueva York. Tenía todas las papeletas para ser el más triste, y, sin embargo, tú, Aless, lo convertiste en uno de los más felices.

Te escapaste del hotel recién dada una quimio mientras me estaba duchando para comprarme un ramo de rosas blancas que encontré en la cama de mi habitación del hotel con una nota:

Feliz Día de la Madre a mi persona favorita.
Eres y siempre serás la mejor madre del mundo.
Te quiero,
Aless

Casi no pude darte las gracias, solamente te abracé para que no vieras mis lágrimas de emoción y felicidad mientras pronuncié tan bajito que no sé si llegaste a escuchar:

—Eres el amor de mi vida. Haces que me sienta la madre más orgullosa del mundo y doy gracias cada segundo por tener un hijo como tú.

Ese momento de felicidad para una madre y de tristeza porque tu hijo tiene cáncer me hizo darme cuenta de que la vida es el máximo exponente de la dualidad. Porque la vida es un cúmulo de sentimientos agridulces, donde las luces y las sombras, lo amargo y lo dulce, la vida y la muerte se abrazan irremediablemente. Al final, no hay belleza alguna que no lleve impregnada una inmensa tristeza.

Quiero que sepas que tengo guardada esa nota, como todas las que me escribiste desde pequeñito, hasta tus cartas al Ratoncito Pérez, y tus primeros dientes, son mi tesoro, un tesoro que pocas veces puedo ver y menos leer porque me rompen todavía más por dentro.

En ocasiones los dolores eran insoportables a pesar de las pastillas de morfina, y los efectos de la quimio le dejaban postrado en la cama durante días, pero entonces vivimos uno de los instantes más surrealistas de nuestra aventura en América. Fue el día que teníamos cita con su oncólogo. Se puso muy serio y soltó:

—¿Has probado los efectos de la marijuana después de la quimio? Seguro que mejorarías muchísimo.

Aless y yo nos miramos flipando. Yo pensé que había entendido mal, porque, aunque hablo inglés, cada vez que veía a los médicos, con los nervios, era Aless quien con su dominio perfecto del idioma me tenía que traducir.

—Perdone, doctor..., ¿ha dicho marijuana? En español es ¡¡marihuana!! —dijo Aless alucinando.

—Sí, claro. Está probado que después de las quimios los pacientes mejoran muchísimo los efectos secundarios. El doctor J. Mckenzie se ocupa de eso, y os puedo pedir una cita con él mañana mismo.

—¡¡¡Síííí!!! Doctor, muchísimas gracias —contestó Aless mientras sus ojos se iluminaban de repente—. ¿Y dónde la compramos?

—Yo os la daré semanalmente —sentenció.

De regreso al hotel, Aless le bautizó como el «bendito Doctor Marihuana», porque había entrado en nuestras vidas para mejorar de una forma milagrosa las náuseas, el mareo y muchos de los efectos secundarios de las quimios.

Cuando estaban a punto de echarnos de ese otro hotel, por fin encontré un apartamento cercano al hospital, en la Tercera Avenida, en el East Side de Manhattan. Era sencillo pero acogedor, con dos dormitorios, un salón con una televisión gigante en la que vimos infinidad de series en nuestras largas noches de insomnio y una cocina pequeñita. Era todo blanco, las paredes, los sofás, el suelo. Se respiraba una pureza que nos daba calma, y que intentaba alegrar un poco con flores rojas, blancas, fucsias y amarillas, que compraba cada día en la esquina con la Primera Avenida.

El único problema consistía en que la lavadora y secadora eran comunes para todo el edificio y estaban en el sótano. No os podéis ni imaginar las colas que había para lavar durante el día. Al final lo tenía que hacer a las once de la noche, que es cuando todos los americanos estaban por fin dormidos. Regresábamos del hospital y mi hijo ya estaba descansando.

Las llamadas con Alessandro padre, familia y amigos desde España eran casi diarias, aunque siempre al colgar Aless y yo nos recluíamos sin decir nada cada uno en su dormitorio un rato largo. Me imagino que para llorar la nostalgia de nuestra vida antes del cáncer, de nuestro hogar tan lejano, de nuestros seres queridos. De esa forma, llorando a escondidas, sus lágrimas y las mías nunca llegaron a conocerse.

El mayor rayo de luz después de tres meses solos en Nueva York llegó con la visita de mis hermanas, Celia y Amalia, y Celita, la prima de Aless. No os podéis ni imaginar lo que significa estar solos, tan lejos de casa en medio de esa maldita batalla, y de repente tener a los tuyos cerca unos días. Recuerdo la cara de alegría de Aless que se fue con su prima a ver la Estatua de la Libertad. Yo aproveché para pasar el día con mis hermanas en Central Park, deteniendo el tiempo en una maravillosa pausa o, mejor dicho, tregua de esa guerra en la que el destino nos había envuelto.

Mis ojos se llenaron de agua de limón, como decía mi adorada madre cuando lloraba, mientras veía a mis hermanas en el taxi amarillo alejarse hacia el aeropuerto. Regresaban a España, a casa, y esa palabra, «casa», dolía mucho, tan lejana, tan inalcanzable y, sobre todo, tan diferente porque ya nunca volvería a ser la misma.

Dentro de mí era consciente de que había una vida antes del cáncer de mi hijo y otra después.

El cáncer es imprevisible y traicionero, aprendes que cada día puedes encontrar muchas sorpresas, pueden ser malas, y lo aceptas porque interiormente te preparas para ello, pero de repente también puede haber muchas muy buenas. Y esa diferencia es la esperanza.

El padre de Aless regresó a Nueva York a finales de mayo. Esperaba esa visita con toda mi alma porque sabía lo importante que era para Aless, aunque yo me sentía superfuerte, era como si mi cuerpo, mi mente y mi corazón se hubieran hecho de hierro, sin permitirme ni una mínima debilidad ni inseguridad. Mi único mantra que repetía constantemente era «salvar la vida de mi hijo». Por algo me había ganado el título de mamá biónica. No entiendo por qué en esos años de lucha de mi hijo sin soltarle de la mano descubrí dentro de mí una fortaleza de la que ahora carezco.

No te enfades, Aless, pero fui fuerte cuando me necesitabas y ahora ya no lo soy. Todo el mérito fue tuyo, yo simplemente fui la que acompañaba al guerrero imbatible que sonrió al cáncer, a mi chico de las musarañas.

Jamás olvidaré el día en que Alessandro padre regresó a Nueva York. Estábamos comiendo en la terraza del restaurante griego favorito de mi hijo, el Under the Bridge, debajo del puente de la Primera Avenida, a cinco minutos de nuestro apartamento. Los dos éramos conscientes de que al día siguiente viviríamos el «momento de la verdad». Es decir, el día en que se realizan todo tipo de pruebas, resonancia magnética, PET-TAC, para ver si los tres meses de quimio han funcionado y lo que es peor si tu hijo se va a curar o no. Y, sin embargo, Aless soltó de repente mientras miraba con nostalgia el puente de la Primera Avenida:

—Mamá, sabes que me siento feliz de poder estar aquí, comiendo sin vomitar, fuera del hospital y respirando vida.

Esa frase se me quedó grabada. ¡Qué poco pedía para ser feliz!

A lo largo de nuestras vidas buscamos desesperadamente la felicidad, se convierte en una dictadura que nos han impuesto y que nos frustra si no la conseguimos. La buscamos casi siempre de forma equivocada en el exterior: ganar más dinero, enamorarte, buscar reconocimiento, un sinfín de cosas materiales; sin embargo, para un chico de veinticinco años con cáncer la felicidad era comer sin vomitar y estar fuera del hospital, y para su madre era ver la calidad de ser humano que era su hijo.

Ese mismo día, mientras Aless terminaba de devorar la mejor tarta de chocolate del mundo, observé a lo lejos un hombre que venía hacia nosotros por la Primera Avenida. Yo no veo mucho, más bien casi nada, porque soy miope desde los cinco años. Aless estaba sentado de espaldas en la terraza del restaurante y no podía verlo, pero según se acercaba pude visualizar a Alessandro padre que llegaba por sorpresa, caminaba emocionado y sonriendo. Cuando Aless lo vio, corrió hacia él después de tantos meses difíciles y eternos sin verse y se fundieron en un abrazo, un abrazo de padre e hijo que tengo grabado en mi corazón para siempre. Un abrazo al que no pude evitar unirme.

Esa noche cenamos los tres en el apartamento, poniendo a su padre al día de los ingresos, las quimios y el Doctor Marihuana entre risas.

Todos éramos conscientes de que las pruebas del día siguiente eran vitales, pero ninguno demostró ese miedo aterrador, aunque estoy segura de que esa noche ninguno pudo cerrar los ojos ni un instante. No podía dejar de pensar en mi hijo, tan joven y valiente, qué pasaría por su mente, cómo combatiría al monstruo del miedo con esa entereza que demostraba seguramente para que yo no sufriera más.

A la mañana siguiente, Aless se despidió de nosotros con un guiño, envuelto en la bata verde que te ponen antes de hacer un PET-TAC, esa prueba en la que te inyectan glucosa y debes permanecer en reposo y aislado en una habitación una hora. Es la prueba fundamental para localizar células cancerosas en el cuerpo. Era su segundo PET-TAC, ¡quién nos iba a decir que luego le harían tantos!

Cuando le hacían esas pruebas en España, yo me colaba para espiar a escondidas lo que comentaban los radiólogos y así saber en el momento si el tumor había crecido, disminuido o aparecía una metástasis, aunque siempre terminaban echándome, pero allí, en Estados Unidos, no me quedaba más remedio que aguantar y esperar al día siguiente para que nos dieran el resultado.

Fueron las veinticuatro horas de espera más largas de nuestras vidas. A la mañana siguiente desde la ventana de mi dormitorio pude ver cómo los rascacielos empezaron a dibujarse cuando por fin amaneció. Tengo que reconocer que estaba acojonada, en una hora nos darían el resultado de las pruebas. Si mi hijo se iba a curar... o si se iba a morir.

Tictac. Tictac... Tenía un reloj en mi cabeza que no hubo manera de callar en toda la noche.

Aless salió de su cuarto ya vestido con su inseparable pantalón de chándal gris con el logotipo de su adorada Universidad de Duke y una sudadera azul marino con capucha. Estaba tremendamente guapo, su perfecta cabeza brillaba sin un solo pelo, parecía un bebé grande en un cuerpo de adulto.

Me miró con esos ojos que siempre reflejaban su alocada ternura.

—Buenos días, mami, me acabo de ver en el espejo y parezco un reptil, ni un pelo en las cejas ni las pestañas ni en la nariz —dijo sonriendo para quitar la tensión del momento.

—Buenos días, mi vida. Estás guapísimo, y como siempre dices: ¡Qué grande eres! Despierta a tu padre, que vamos a desayunar.

Entonces se quedó callado, mirándome fijamente a lo más profundo de mis ojos.

—Hoy es el día, mamá.

Sabía que era el día, le cogí de la mano con todo mi amor.

—Todo va a ir bien, mi vida, no tengo la más mínima duda.

—Ojalá, mamá, quiero vivir.

El oncólogo nos esperaba en el hospital a las nueve de la mañana para darnos los resultados. Atravesamos los largos pasillos y esperamos en un profundo silencio, en una sala abarrotada de pacientes de cáncer. No sé lo que pensaría mi hijo porque su mirada estaba perdida en el infinito, pero seguramente sentiría lo mismo que sus padres, el miedo aterrador del que espera en el banquillo una sentencia de vida o muerte sin haber cometido ningún delito.

—¡Alejandro Lequio! —gritó una enfermera.

Los tres nos levantamos al mismo tiempo y la seguimos hasta la consulta del doctor.

El doctor se levantó de la mesa de su despacho para recibirnos. Yo siempre me fijo en la cara de los doctores, no falla; sus caras delatan si lo que te van a decir es bueno o es malo.

Mi corazón empezó a acelerarse sintiendo que todos los allí presentes iban a escuchar mis latidos. Observé primero al doctor, que nos sonrió, y después a Aless, que estaba muy serio esperando sus palabras.

—Tengo muy buenas noticias —pronunció el doctor.

Los tres le miramos expectantes conteniendo la respiración sin decir absolutamente nada.

—¡El tumor de once centímetros se ha reducido más de un ochenta y cinco por ciento!

Nos quedamos callados unos segundos que parecieron siglos, nos miramos incrédulos intentando asimilar esas palabras de luz después de tantos meses viviendo en el infierno.

Contemplé a mi hijo, sus ojos se humedecieron y chispeaban más que nunca. Miré a su padre, que se tuvo que sentar de la emoción.

Entonces no lo pude remediar y estallé por primera vez en un río de lágrimas de felicidad que inevitablemente salían a borbotones. Empecé a dar saltitos de alegría por toda la consulta diciendo en español repetidamente:

—¡Gracias! ¡Gracias! ¡Graciasssss!

Abracé a mi hijo tan fuerte que casi le rompo.

—Mamá, por favor, no dramatices —me dijo Aless sonriendo.

Ahora te lo puedo decir, mi vida. Sé que nunca te gustaron los sentimentalismos, pero ¿cómo una madre no va a llorar de alegría cuando el oncólogo te dice que tu hijo tiene muchas posibilidades de vivir? Ese día fue uno de los más felices de mi vida.

Pero tú eras así, Aless, único. Desde pequeñito quitabas importancia a las tragedias, las cosas difíciles las transformabas en fáciles, con tu sentido del humor te reíste del cáncer en toda su cara. ¿Y sabes una cosa? El cáncer es una batalla, una cruel y terrorífica batalla, pero es la única guerra donde no hay ni ganadores ni vencidos, solamente hay héroes y heroínas. Y tú fuiste mi héroe y el ejemplo e inspiración para muchos enfermos de cáncer.

El oncólogo nos dijo que seguiríamos otros seis meses más con esa quimio de primera línea, y que en un mes empezaría el tratamiento de protonterapia, que evitaría una operación gravísima. Es una radioterapia de protones que no daña los tejidos colindantes sanos del tumor, precisamente no existía en España, y era la razón por la que estábamos en América.

Esa noche el padre de Aless nos llevó a cenar a un pequeño restaurante bistró que tenía un patio precioso interior lleno de plantas y flores fucsias.

¡Ojalá pudierais haber visto por un agujerito la cara de mi hijo! Las mejillas se habían vuelto de color rosa, las profundas ojeras habían desaparecido, sus ojos avellanados le brillaban más que nunca. Estaba tan guapo con la camiseta blanca, sus vaqueros destrozados y la inseparable gorra. Estaba feliz por los resultados de las pruebas y por ver a sus padres juntos.

Recuerdo que en un determinado momento Aless se levantó y empezó a imitarme en el instante en que nos dieron la noticia de la remisión del tumor, dando saltitos alrededor de la mesa y diciendo mientras lloriqueaba: gracias, gracias, gracias. Lo hizo tan bien y con tanta gracia que estallamos los tres en una carcajada contagiosa en bucle de la no podíamos salir. Ese instante fue como una explosión de los meses de tensión donde nos reímos del cáncer, de la vida y de la muerte, y pertenecerá para siempre a la colección de momentos grabados en mi alma. Aunque el resto de las personas en el restaurante pensara que estábamos drogados o fumados y acabaran echándonos, estábamos felices porque todas las puertas de la esperanza se nos habían vuelto a abrir de par en par.

Despedir de nuevo a Alessandro padre que regresaba a España a trabajar nunca era fácil, ni para Aless ni para mí, volvíamos a quedarnos solos, pero esta vez con un optimismo y fuerza diferente, porque estaba totalmente convencida de que mi hijo se iba a curar. Amé Nueva York, los rascacielos, las incesantes alarmas, los miles de personas que andan como hormiguitas enloquecidas por las avenidas todo el día corriendo con muchísima prisa, a los americanos y a la protonterapia que salvaría la vida de mi hijo definitivamente.

Una tarde llegué al apartamento llena de bolsas de la compra y Aless estaba muy preocupado.

—Mamá, he recibido una notificación diciendo que el ESTA, el permiso para estar en Estados Unidos, ha caducado. Llevamos aquí más de tres meses y que tenemos que regresar la semana que viene a España.

—No puede ser, tenemos que hacer aquí tu tratamiento, en España no hay protonterapia —contesté agobiadísima.

—Mami, esto es serio, que nos deportan.

—No te preocupes, pido cita y una carta del hospital diciendo que para salvarte la vida necesitas este tratamiento que no hay en España.

Me peleé durante horas con internet y la página del Gobierno americano para que nos dieran cita rápidamente. La primera cita nos la daban en dos meses y para ese momento ya nos abrían deportado. Llamé al consulado y la embajada española donde amablemente me dijeron que no podían hacer nada a pesar de la carta del hospital informando de que era un caso de vida o muerte de mi hijo, literal.

Ya estaba acostumbrada a que todo en la vida se nos pusiera en contra, quizás el universo quería enseñarme lo que en realidad significa la palabra «dificultad», pero no iba a dejar de luchar para conseguirlo, porque tenía un buen ejemplo que me demostraba cada segundo mi hijo.

Cada vez que salíamos del apartamento tenía pánico a que algún policía nos parara, porque Manhattan estaba lleno de policías encubiertos en cada esquina. Se celebraba cerca de casa la Asamblea General de las Naciones Unidas. ¿Y si nos pedían el pasaporte y nos deportaban?

Recuerdo ir andando por la Primera Avenida y Aless no paraba de decirme:

—Mami, por Dios, no hables, aunque te cueste estar callada, ¡¡¡por favor!!!! Que tu acento es tan español que nos largan de aquí.

Esa noche llamé a Alessandro padre.

—Dado, nos van a deportar y no curaremos a nuestro hijo. Por favor, llama a Felipe, para algo eres su primo o lo que sea, no estoy pidiendo un favor ni cometer un delito, solamente adelantar una cita para que nos den un permiso médico para estar en Estados Unidos. Estoy desesperada, Dado.

—No te preocupes, ahora mismo.

El rey Felipe tardaba en contestar. Al final, Alessandro llamó a su tía Olimpia, prima hermana del rey Juan Carlos, que se puso en contacto con él, y al rey emérito le faltó tiempo para ayudar a una madre desesperada por salvar la vida de su hijo. Por eso le estoy infinitamente agradecida y no lo olvidaré jamás. A los dos días teníamos la cita, con los informes médicos donde nos ampliaron la estancia en América por motivos médicos. Por fin respiramos tranquilos.

El calor me recordó que ya estábamos en junio, porque cuando vives todo el día en hospitales pierdes la noción del tiempo. Se acercaba el momento de continuar nuestro viaje por el cáncer, y esta vez nos tocaba mudarnos de nuevo de Nueva York a Nueva Jersey para hacer el tratamiento de protonterapia diario combinado con la quimio.

El día anterior de enfrentarnos a nuestra cuarta mudanza en cuatro meses en América era tu cumpleaños. Estábamos los dos solos en Nueva York y ese día te habían dado diez horas de quimio.

Intenté que tu padre viniera para estar contigo en esa fecha tan señalada y porque sé la ilusión que te hubiera hecho. Pero no podía dejar sola a tu hermanita Ena porque María, su madre, se iba de viaje. Te vi tan triste por la ausencia de tu padre que llamé desesperada a tu amigo

Justin de la universidad que estaba en Filadelfia haciendo prácticas de Medicina y se vino a estar con nosotros. Recorrí toda la Quinta Avenida buscando una tarta de chocolate y velas, y por fin encontré una parecida a tu preferida desde pequeño con forma de erizo.

—Piensa un deseo, mi vida —dije con una alegría exagerada para enmascarar mi pena mientras veía arder a cámara lenta las veintiséis velas, la perfecta cabeza sin un solo pelo, la palidez de tu cara, tu precioso perfil griego y tus profundas ojeras que enmarcaban unos ojos demasiado tristes.

—Mi deseo es poder volver a soplar las velas, mamá.

Justin y yo nos miramos enmudecidos.

—Y mi segundo deseo es comérmela toda sin vomitar —añadiste sonriendo mientras te comías un buen pedazo, que poco después vomitaste por culpa de ese veneno-curación llamado quimio, mientras Justin y yo te cantamos el Cumpleaños Feliz más triste de nuestras vidas. O, al menos, eso creí entonces. Fue tu penúltimo cumpleaños.

Esa noche, ya sola en mi habitación, volví a odiar Nueva York, los rascacielos, las sirenas que no cesan, el cáncer, la vida, y recuerdo que, por primera vez desde nuestra llegada, me derrumbé, dando un puñetazo de rabia contra la pared que dejó un hueco enorme y, aunque los nudillos de mi mano sangraban sin parar, no sentí ningún dolor.

Preparadas las maletas, llenas sobre todo de la cantidad de medicamentos que Aless necesitaba para el dolor;

morfina, fentanilo, protectores de estómago, ondansetrón…, y con un nuevo apartamento que encontré en Nueva Jersey, dijimos adiós a Nueva York por unos meses, dirigiéndonos cogidos de la mano a nuestro nuevo destino en este viaje con el cáncer de equipaje.

He buceado tanto en mis recuerdos que no me he dado cuenta de que está anocheciendo en Mallorca. Mañana regresaré con mi padre en un avión ambulancia desde el hospital de Palma hacia el hospital de Madrid. Egoístamente, espero que se ponga bien y esté un poco de tiempo más conmigo. No sería capaz de soportar otra despedida ahora.

Estoy sola en El Manantial, mi amada casa tan vacía de las personas que más quiero, pero impregnada en cada rincón de infinitos recuerdos felices. Sobre mi cama permanece la maleta abierta con tu ordenador y los capítulos de tu libro *El chico de las musarañas,* en esa carpeta escondida que aún no he conseguido abrir.

Salgo a la inmensa terraza que abraza al mar para despedirme de este espectáculo de la naturaleza. Puedo ver la enorme bahía con el agua tan en calma que parece un espejo roto por el río de plata que marca la luna llena, esa luna que me mira con lástima. Este es mi lugar favorito del mundo al anochecer, y también era el tuyo. Aquí me siento como en una hoguera de recuerdos alrededor. Recuerdos bonitos, pero que queman por no poder regresarlos. Aún puedo verte correteando feliz de pequeño con tus primos cuando llegaba la hora de dormir y no había manera de acostaros.

Me viene a la memoria un verano, tendrías cinco años, y antes de dormir me cogiste del brazo con tu manita y me llevaste a esta misma terraza señalando a la extraordinaria luna llena que iluminaba toda la bahía.

—Mami, quiero coger la luna.

—No puedes, mi vida. Está muy lejos. Sale al anochecer para darnos las buenas noches y que soñemos con cosas bonitas.

Te quedaste largo rato mirándola con tus inmensos ojos que chispeaban cada vez más.

—¿Y por qué se esconde de día?

—Para que el sol pueda brillar.

Me miraste fijamente intentando comprender.

Después de un extenso silencio, me cogiste de nuevo con ternura de la mano y sonreíste mientras decías con tu vocecita de trapo:

—Mami, cuando sea mayor iré a la luna y te la regalaré para que te dé las buenas noches cuando ya no esté contigo y *mimas* bien.

Tengo grabadas tus palabras, palabras que en ese momento no supe interpretar y que ahora tienen un sentido que llega directo al corazón.

Dejo que la suave brisa del mar acaricie mi cara secando alguna lágrima que se me ha escapado, hay un denso silencio interrumpido por las tímidas olas, que a veces traen desde la eternidad mensajes ilegibles que me dan paz y otras veces suenan como lamentos de despedida. No sé si el verano que viene volveré. Tampoco sé cuántos volveremos, porque cada vez somos menos. Solamente sé que tengo que decir adiós al verano más triste de mi vida.

Otro verano sin ti, mi Aless.

Regálame la luna esta noche, ¡por favor!, mi amor, para que me dé las buenas noches y pueda al menos soñar contigo.

5
ALESS ESCRITOR

Soy un ser reflexivo. Honoris causa en el arte de la desconexión. También soy alma máter en Ciencias Políticas, Economía y Marketing Digital, pero me aburre el plano terrenal, prefiero el de las musarañas.
Aless Lequio

Ha llegado el otoño. No me gusta el otoño. Los días se hacen cortos y las noches más oscuras, hasta los pájaros empiezan a emigrar hacia algún lugar huyendo de la melancolía.

¿Sabes una cosa, Aless? Las maravillosas rosas blancas del jardín que comenzaron a trepar de manera inexplicable desde tu partida hasta tu dormitorio empiezan lentamente a llorar sus pétalos, truncando su belleza. El cielo ya no me muestra la obra de arte que me pintabas cada día este verano, esas nubes derretidas blancas sobre un azul brillante que me hechizaban... ahora todo se ha vuelto gris. De mi alma cae un aluvión de hojas formando una tupida alfombra que cubre de nuevo todos los caminos hacia la vida que había intentado limpiar en estos dos últimos años.

Nos llevamos a mi padre del hospital a casa, no había nada que hacer. Tenemos que sedarle, no sé si voy a soportar otra despedida. ¿Cómo voy a poder decir adiós para siempre a la única persona que quedaba en la tierra dando sentido a mi vida? Me paso el día en su casa, me tumbo en la cama a su lado, abrazándole, observo cómo la sedación empieza a dormirle lentamente, cómo su intensa vida, sus noventa y seis años de trabajador incansable, marido eterno y padre excepcional, se apaga. Contemplo cómo la morfina y el midazolam pasan a cámara lenta a través de la aguja a sus venas, tiene el oxígeno puesto y respira entrecortado. Le abrazo con máxima ternura y le pongo su canción favorita de Frank Sinatra, pero ya no la escucha. Nunca se sabe cuánto puede durar una sedación, cuando quieres ya abandonar la vida. El doctor dice que pueden ser días o semanas.

Me remueve todo por dentro y vuelvo a revivir el hospital y tus últimos días, Aless. ¿Cómo un ser humano puede tomar la decisión de sedar a la persona que más quiere en su vida, a su hijo, porque los médicos dicen que ya no hay solución, que no hay nada que hacer para que viva y que es lo mejor para que no sufra? ¿Hay una prueba mayor de amor? Intento borrar ese momento de mi mente porque me quedo sin respiración, ahogándome en mi dolor con tan solo mencionarlo, y porque ahora mi padre me necesita en su despedida. Le cojo suavemente de la mano con todo mi amor.

—Papa, ve tranquilo, descansa, por favor. Mamá te está esperando y te necesita a su lado. Eres mi campeón y siempre lo serás. Te quiero muchísimo.

Entonces noto cómo me aprieta la mano. Su rostro contraído de sufrimiento se relaja, dibujando una inmensa paz. Me acerco mucho para que mis hermanos no me oigan y le susurro al oído lo mismo que le dije a mi madre hace apenas un año antes de dejarnos, intentando contener las lágrimas:

—Papá, cuando llegues al cielo, por favor, cuida mucho de Aless. Dile que le quiero más que a mi vida, que nunca me olvide y, lo más importante, que muy pronto estaremos juntos.

Aunque parezca que está inconsciente, su alma me ha escuchado porque vuelve a apretarme la mano dulcemente y en su rostro se dibuja una levísima sonrisa. Un escalofrío me recorre todo el cuerpo. ¡Llevo tantos años distrayendo a la muerte! Necesito salir de allí por unas horas, me voy tranquila porque le dejo al cuidado de la enfermera que no se mueve de su lado. Sé que con cualquier cosa que pase me llamará.

He quedado con Nacho, uno de los mejores amigos y socio de Aless, me va a ayudar con la contraseña de su ordenador y así poder encontrar el libro que estaba escribiendo.

Increíble, probamos una contraseña que tenía hace años y... ¡¡¡ZAS!!!, ¡por fin! Encuentro un documento titulado: *El chico de las musarañas*. He tardado casi dos años en reunir las fuerzas suficientes para leer lo que empezó a escribir mi hijo en Nueva Jersey.

Antes de iniciar su lectura, tengo que parpadear varias veces porque la vista se ha nublado por unas lágrimas de emoción que están secuestradas dentro de mis ojos y no pueden salir. Las manos me tiemblan y comienzo a revivir cómo fue el momento en el que iniciaste la escritura de tu maravilloso libro.

Dejábamos atrás Manhattan después de cuatro largos meses hacia nuestro nuevo destino, Nueva Jersey, para hacer la radioterapia de protones dirigida al tumor, la protonterapia, el tratamiento que le devolvería la vida a mi hijo.

Abrí la ventanilla del coche respirando un aire cada vez más puro, dejábamos atrás los rascacielos, el asfalto, los ruidos, las persistentes alarmas, las celdas de las quimios del hospital de Nueva York con sus ángeles disfrazados de enfermeras, la ciudad que no duerme ni un puñetero segundo... Observaba un paisaje verde, una explosión de la naturaleza con bosques frondosos repletos de robles rojos y blancos, multitud de granjas y el silencio que tanto anhelaba que solamente rompían los pájaros con cantos llenos de dulzura.

—Mamá, esto parece el paraíso —me dijo Aless sonriendo mientras miraba a través de los cristales.

Nuestro apartamento estaba en el condado de Somerset en una urbanización preciosa, rodeada de flores de infinidad de colores, árboles y un césped muy bien cuidado.

Por fuera daba el pego, pero el apartamento me recordaba a los campamentos que te llevaban de pequeño, muy frío, con muebles horribles, pero al menos estaba limpio y cerca del hospital.

Recordé por el calor tan agobiante que estábamos en agosto y que deberíamos estar en nuestra querida casa de El Manantial, en Mallorca, disfrutando de uno de los maravillosos veranos a los que la vida nos había acostumbrado, pero la cruel realidad era que Aless empezaba sesiones diarias de radioterapia que le causaban unos dolores terribles y encima tenía que combinarlo con la quimio. Continuaba sin escuchar un solo quejido salir de su boca, sonreía y bromeaba constantemente. Cada vez me impresionaba más su enterza, valentía y fuerza de voluntad que iban en aumento cada día, como aquella tarde al llegar de la sesión de radioterapia. Estaba muy débil, y, sin embargo, le encontré vestido con la ropa de entrenar.

—Mamá, me voy al gimnasio de al lado. Llevo meses sin moverme y ya es hora, voy a por todas, ¡¡¡me voy a curar!!! *Fuck* cáncer!

Le vi alejarse dando tumbos por su debilidad hacia el gimnasio de la urbanización, escuchaba su grito de guerra cada vez más lejano... Sus ganas de vivir eran admirables.

Cada tarde, después de los tratamientos, se recluía largas horas en su cuarto, le escuchaba teclear en el ordenador sin parar, solamente salía cuando ya había preparado la cena, pero luego volvía a escuchar el mismo sonido hasta altas horas de la madrugada. Ese día a las seis de la mañana, hora a la que solía despertarme, empecé a ver cómo amanecía a través de mi ventana. Escuché de nuevo las teclas del ordenador de mi hijo que no había dormido en toda la noche. Llamé a la puerta de su dormitorio con dos golpecitos suaves, no quería molestarle.

—Pasa, mami.

Estaba tumbado en la cama con el ordenador sobre las rodillas y tenía la luz de la mesilla todavía encendida.

—Estoy escribiendo un libro. Se llama *El chico de las musarañas*. ¿Recuerdas lo que me dices desde pequeño cuando desconecto, me evado y me piro a otro lugar?

—Claro que sí. ¡Hijo, ya estás otra vez pensando en las musarañas! Eso te decía, eso te he dicho un millón de veces —contesté sonriendo.

—Pues estoy escribiendo mi historia desde el día en que me diagnosticaron cáncer, os he cambiado el nombre a ti y a papá. Cuando lo termine, lo leerás y lo publicaré. Donaré los beneficios para la investigación del maldito cáncer.

No pudiste terminarlo, mi vida. Y ahora aquí estoy temblando de emoción mientras empiezo a leerlo.

El chico de las musarañas

Por Aless Lequio

Capítulo primero
Valientes cabrones

Soy un chico capaz. Capaz de perderme en el pensamiento y olvidarme de quién me dirige la palabra, dónde estoy o por qué tengo un tenedor en la mano custodiando un pelotón de tomatillos resecados. Odio los malditos tomatillos resecados, me recuerdan a las pasas. Soy de los que se llevan un bofetón de aire frío y se da cuenta de que está hablando con alguien sin nombre, eso si todavía no se ha levantado y me ha dejado solo. No sería la primera vez que pago la cuenta de una mesa a título de cinco con cuatro sillas vacías.

Valientes cabrones.

Soy un ser reflexivo y no por ello más sofisticado que los demás. *Honoris causa* en el arte de la desconexión. Mi padre, entre otros, me llama Apagón. El resto me llama gilipollas.

No les juzgo por ello.

A los siete me llevaron al psicólogo y le dejé tan desconcertado que a los tres meses de verme se quedó calvo. Ahora practica su noble disciplina en Turquía. Paso tanto tiempo dentro de mi cabeza que me licencié en Filosofía con una tesis únicamente estructurada y presentada con la infinidad de anotaciones que aportaba inconscientemente en los libros de la materia. También soy alma máter en Ciencias Políticas, Economía y Marketing Digital, pero me aburre el plano terrenal, prefiero las musarañas.

Cuando sucede, me evaporo, me pierdo, me voy: *bye bye*.

Quizás sea un mecanismo de defensa ancestral que lleva sujeto a nuestro ADN los sesenta y cinco millones de años de evolución que nos definen y simplemente ha decidido manifestarse ahora, en pleno siglo XXI. La verdad es que no tengo ni la más mínima idea. Lo único que sé es que me quedo entre absorto y embobado, con cara de artimaña intelectual y a veces incluso sonrío hacia tierra de nadie.

Igualito que un lunático de la López Ibor.

¿Cuál es el problema? Que no es un ritual milenario. Cada episodio ronda los cinco minutos y cada vez son más frecuentes.

Las musarañas son objeto de estudio detallado en mi rutina diaria. Les he puesto nombres, dotado de personalidad y algunas incluso me sorprenden con sus contribuciones. Debates filosóficos que inundan la mente y merecen ser atendidos con inmediatez y precisión.

Cúpula es mi preferida. Ambiciosa, luchadora y positiva. Cuando la oscuridad se adueña de las buenas intenciones, suenan trompetas y alzan banderas. Carismática e inocente, Cúpula vive en un mundo donde nadie esconde nada cuando todos ocultan algo. Un impedimento para abordar el día a día de la naturaleza descarada que corre por el ADN de los humanos, cierto es, pero también es un rasgo que no entiende de egos desavenidos, y, por lo tanto, a través de Cúpula aprendemos más y más rápido. Somos imparables. La clave del éxito.

Muria, en cambio, es nostalgia pura y vive bajo un halo de pesimismo constante. Si algo puede salir mal o peor, saldrá peor. Una de sus virtudes es mantener vivo el recuerdo de los momentos bonitos en tiempos oscuros. Firme en la opinión de que las lágrimas son imprescindibles para deshacer y forjar los vínculos importantes: llorar sin soltar lágrima es de cobardes.

Aquí viene lo bueno. «La eterna felicidad es para el eterno gilipollas», como diría Sophia, la tercera musaraña; hogar de la empírica que nos rodea y a quien recurro cuando la vida se tambalea en un gesto de interrogación.

Sophia, experta ama de llaves para portones monstruosos que quedan entreabiertos e inundan la mente de pensamientos que quitan el sueño y borran las ganas de despertar.

Oh, Sophia, Sophia mía, nunca te dejaré de amar, pero ¿cuánto te gusta tocarme los cojones, aunque no haya cojones que tocar?

Hábil y tenaz mediadora del gremio musarañero y precursora de la paz celestial que reina, ocasionalmente, en la casa de la desatención: hogar de las musarañas.

You don't wanna fuck with Estendor, la cuarta y última musaraña.

Alejado de la mano de la lógica y la comprensión humana, Estendor no tiene filtros. Es decir, sus reflexiones casi siempre sugieren darle un zapatazo en la ingle a la persona que tenemos delante. Es un sabueso con sentido del humor, bruto y bastante avispado.

Además…

—… cogemos el desvío y atajamos por el supermercado.

—¿Adónde?

—Ya estamos otra vez. ¡Coño!

—¿En dónde estamos?

—Madre mía, es imposible que prestes atención un puñetero segundo.

Se quitó las gafas y plantó su mirada en el asiento del copiloto, sin paciencia.

—Hola, soy Karen, tu querida prometida, y estamos de camino al médico a que te vean el culo. Hemos probado la farmacia entera de allí abajo y, oye, no hay manera.

—Te has pasado con eso de «querida prometida», mi querida prometida. Ahora mismo poco querida eres tú, pero te entiendo, puedo llegar a ser un poco desesperante, ¿correcto?

—Correcto.

Llevo de cremita en cremita ni se sabe cuánto tiempo, un dato incómodo, pero cierto. Son tantas las cremitas, que he adquirido el noble arte de saborear cosas por la boca cuando te las meten por el ano. Lo digo totalmente en serio. Si tuviera tiempo, intentaría llevar mi superpoder a algún *show* televisivo, seguro que apreciarían el desempeño sin cuestionar los hábitos que trajeron al mundo semejante ventaja selectiva.

El primer premio sería mío y me convertiría en orgullo nacional. Todos cantarían canciones con mi nombre y beberían vino a mi salud. Vino del malo, por supuesto.

Sería… todo un héroe del folclore.

Qué bonito que es soñar.

—Karen… mi culo parece un poema, cada vez que aparco mis nalgas en la zona de carga y descarga, bueno…, en la zona de descarga, mejor dicho, me llega un recordatorio violento que retumban mis nociceptores, causando un dolor agudo sin precedentes. ¿Crees que no me doy cuenta?

—Ya, ya... pues espero que nos puedan hacer un hueco hoy, chico dolorido. Nunca haces lo que te pido y ahora vamos a tener que esperar sentaditos un par de horitas. ¿Qué te parece? —No le faltaba razón a la pobre.

Mi atención escasa, o más bien, inexistente, llevaba entre musarañas desde que salimos de casa. Daba por hecho que nos dirigíamos al centro a tomar unas birras, pero el destino que me aguardaba era otro, para peor, bastante peor.

La tarde del viernes ya no iba de cervezas calientes y tapería incipiente, ahora tocaba afrontar asuntos de una naturaleza diferente. «Vías de Escape y Biomasas Malolientes», en los mejores cines: el plan perfecto para un 23 de marzo.

Purguemos.

—¿Qué crees que me van a hacer? Esta vez me niego a las cámaras, los palos y los supositorios. Dos veces son más que suficientes, ¡que utilicen la imaginación, para algo la tienen!

—¡Bien dicho! —Con ironía, claro—. Esta vez te van a hacer algo muy diferente, se llama *tactus rectalis*. ¿A que parece excitante?

—Cuánto amor, ¿no? Suena a expediente X, pero lo compro. Prefiero eso a que graben un documental a lo Jacques Cousteau por mi aparato digestivo. Las cámaras asustan. —Ya me habían metido un par de cosas por allí abajo y no me hacía mucha gracia reincidir en la misma pesadilla—. A ver, señorita Karen, cuénteme usted, ¿qué es un tacto rectal? ¿Te refieres a dedo-hurgando-culo, verdad?

—Dedo índice y p'arriba, sin miedo. —Soltó el volante y señaló el cielo con el dedo índice, con la misma euforia que la peor estudiante de clase cuando preguntan lo único que se sabe del temario—. ¿Lo pillas?

Lo he pillado, no soy mongolo, pero no era lo que necesitaba escuchar en ese preciso instante. Sabía que la mente me jugaría una mala pasada, la imaginación me puede cuando se trata de un evento potencialmente traumático.

Bajé la cabeza y presioné ambos lados de la sien con los pulgares, intentando retener el brote, pero no fue posible.

Contemplé la aparición de un doctor despeinado con pelo gris y la retina recargada de color rojo chillón en el horizonte, como si el pato Donald acabara de estar en una fiesta con Charlie Sheen. Los rasgos faciales marcados, varices por ojeras, y un tatuaje de expresidiario en el cuello, deletreando la palabra «Love».

Poco *love* inspiraba el buen hombre, era la mismísima reencarnación del miedo y claramente una proyección del futuro que no tardaríamos en descubrir.

¿Qué otro aspecto podría tener un doctor que se dedica a desvirgar anos con el dedo índice?

Giré la cabeza hacia Karen, aterrado, muy lentamente, como quien escucha un ruido en el cuarto a media noche y quiere ver lo que hay sin ver lo que hay.

—Sí, Karen. Suena erótico. Erótico y gratificante. Me muero de las ganas ¡Qué guay! —La palabra «guay» siempre me ha recordado a programas de inserción social para jóvenes desatendidos, donde un puñado de marionetas intentan condicionar a los pobres chavales a hacer el bien mediante expresiones al uso, sin sentido. Si la utilizo, suele ser con sarcasmo.

Karen entró al *parking* del complejo como si de un safari se tratara, y condujo el coche junto a la puerta principal del hospital pegando brincos de un lado a otro. Dos giros y marcha atrás, en batería, cual examen de la DGT.

El hospital prometía. Moderno, limpio y bien maquillado de colores que inspiran tranquilidad: turquesa y blanco. Pasaría por un *spa* si no fuera por el olor tan propio que define a las instalaciones médicas. Entrando por la puerta pudimos comprobar que el complejo estaba distribuido como un centro comercial; escaleras mecánicas que desembocan en multitud de pisos, escaparates anchos y transparentes, y señalización densa en cada rincón del aparato indicando la variedad de especialidades que trataba el complejo: cirugía, digestivo, pediatría…

—¿Cómo se llaman los médicos que dedican su generosa vida a curar culos?

—Culorólogos.

—Gracias, amor de mis amores. Tú siempre tan atenta e inteligente. ¿Qué he hecho yo para merecerte? Eres un ángel caído del cielo, un espejismo en el caudal eterno, una diosa de diosas, una luna para mi torito.

La risa de Karen interrumpió el juego de palabras fallido.

—Tus dotes poéticas están sufriendo una crisis existencial, lo sabes, ¿no?

—Son los batidos de proteína, que los aminoácidos no me sientan bien. Hacen gluglú en la tripa, el gluglú toma forma gaseosa y finalmente influye en las funciones habituales del cerebro.

—Ya, ya. Déjate de excusas y busca la sala en la que esperan recibirnos. Te pedí que imprimieses la cita con las indicaciones, no me digas que has vuelto a olvidarte...

—Piensas mucho, jovencita. ¡Tu novio lo tiene todo bajo control! —Me saqué un papel aleatorio del bolsillo y lo olfateé de arriba abajo para afirmar mi buena conducta—. ¡Ahá! Y con la tinta bien fresca, ¿has visto? —Sujetando el papelito con sonrisa ancha y chiribitas en los ojos, como si tuviera tres años y hubiera conseguido el cromo más demandado de parvulario.

—¡Bien! Por fin haces una cosa bien. —A regañadientes.

—¿Una? Llevo una racha que ni Cristiano, y lo sabes. No me vengas con esas.

No hace falta decir que «obviamente» no había impreso las indicaciones y que el papel que acababa de sacar era nada más y nada menos que el orden del día de la junta que acabábamos de celebrar en Polar, mi primer bebé.

Fruncí el ceño y apoyé el dedo en el papel con cara de lector empedernido, trazando un camino en el papel; arriba y abajo, izquierda y derecha, igual que un taxista en tiempos mejores cuando el GPS eran kilos de papel plastificado que daban vida al libro más simbólico y galáctico de la sociedad madrileña: el callejero.

Apunté con la mirada al primer piso y arranqué.

—Por allí. ¡Por allí es!

Por allí no era.

Anduvimos y anduvimos sin parar, recorriendo el hospital siete veces de punta a punta. Busqué «culorólogo» en todas las superficies existentes del complejo médico. Busqué hasta debajo de los extintores, solo quedaba la taza del váter y... Sin éxito.

—Escucha... ¿Y si nos metemos en la sala de radiología y que fotografíen mis partes? Es viernes y no encuentro la unidad de culorólogos por ninguna parte. Así al menos me hacen un retrato y lo colgamos en la pared de casa. De perdidos al río, ¿o qué?

Karen estalló de risa soltando dos misiles de saliva tierra-aire que impactaron en mi retina, sin compasión, dejándome ciego por un instante.

—No se llaman culorólogos, Tom. ¿De verdad te has creído eso? Y yo que pensaba que eras avispado. Se llaman proctólogos —añadió con la mano derecha en forma de bandeja, haciéndome sentir inútil por haber caído en la trampa—. La verdad es que ha sido muy divertido verte fingir cómo buscabas una especialidad médica que no existe en un papel que, obviamente, no es la cita con las indicaciones QUE TE PEDÍ.

Volví a guardarme el acta en el bolsillo y continué la marcha cabizbajo, sin decir nada. Los faroles son armas sin munición y no es inteligente apretar el gatillo cuando están encañonándote el pescuezo, sobre todo si es mujer. Lo huelen todo.

Tres escaleras mecánicas y cinco o seis gotas de sudor después, el cartel señalizando la entrada a la sección de proctología apareció de la nada, rocinante, como si fuera el neón de un motel americano perdido a medio camino de la 66. Llegados a este punto, mis axilas ya desprendían el Tajo, desde las mangas hasta el cinturón. El cansancio había calado y solo conseguía avanzar con la espalda incurvada, arrastrando los pies: era la viva imagen de Cuasimodo en su versión CrossFit. Esa disciplina de alto rendimiento que está de moda y casi pierdo la vida intentando practicarla.

A medida que hacíamos huella sobre el mármol desgastado de un pasillo interminable, la traspiración florecía desde todas las zonas visibles de mi cuerpo, cada vez con más ganas, hasta que decidió abrirse paso entre la frondosidad de mis cejas e impactó directamente en mis pupilas, a traición, igual que un dardo. Debido a todo el patosismo que corre por mis venas y la carencia de agilidad que definía mis movimientos en aquellos tiempos oscuros de sobrepeso y comida basura, quedé completamente indefenso, igualito que un cervatillo acechado por los peligros de la noche.

En vez de resecarme el sudor con la mano, cosa que haría cualquier ser humano ante una situación de pánico como esta, decidí que era más inteligente emplear la estrategia del parabrisas y esperar a que mi campo de visión pudiera restaurarse gradualmente con el movimiento de los párpados, pero ese no fue el caso. Caminaba alegre por aquel laberinto de especialidades y personal uniformado cuando ambas rodillas impactaron brutalmente en el posavasos de una fila de personas que no tardaron en girarse a contemplar los cien kilos de amor que se les venían encima.

Abrí los ojos a medio caer y pude visualizar a cuatro personas aterrorizadas que retiraban sus cabezas de la zona de impacto en un gesto intuitivo pero veloz. Las cuatro tortugas consiguieron ocultarse en su caparazón justo a tiempo, pero el tren inferior de cada una de estas seguía estando al descubierto. Observé cómo arrugaban sus caras hasta parecer bolitas de papel Albal, retirando las manos a la misma velocidad que el rostro, sin importar la distancia que había con la persona de al lado.

El chico joven de melenas rubias sentado más cerca de mi posición catapultó el helado que andaba engullendo hacia la izquierda y encestó todas las virutitas multicolores por el escote de la colombiana de enormes pechos que tenía al lado. Todo esto a cámara lenta, claro. La mente suele tirar del freno de mano cuando ocurren eventos traumáticos para que recuerdes con claridad tus meteduras de pata durante un largo periodo de tiempo.

Quise apoyarme con las palmas de la mano en un hueco que avisté rápidamente entre el señor robusto sentado al final del colectivo y la mujer anciana que tenía a su lado, pero tuve la mala suerte de que ambas manos fueron a parar a la tripa de la pobre mujer y mi cuerpo cedió hacia el lado contrario de los respaldos, cayendo de espaldas al suelo, donde permanecí en silencio aguardando una reacción. Supuse que la víctima llevaría ortodoncia y que saldría proyectada a varios metros de su asiento, pero fortuitamente lo único que percibí fue un sonido parecido al de un caballo malherido y una fuerza bruta que me agarró del brazo para devolverme a mis trece.

—Hijo, ¿estás bien? —La risa de Karen se pronunciaba irritantemente desde la lejanía.

—¡Uy! Dios, lo siento. Lo siento de veras, ¿están ustedes bien? Me he despistado un segundo y…

—No pasa nada, hijo, esas cosas pasan. —El hombre robusto quiso adelantarse para hacerme sentir cómodo.

—Muchas gracias por su comprensión y amabilidad, juro que no volverá a pasar. Madre mía, qué vergüenza. Lo siento, ¿eh? —Me retiré marcha atrás durante unos pocos pasos y di media vuelta en dirección a Karen.

—¿Vaya *show*, no?

—Que te jodan.

La sala de espera de proctología, la de los culos, estaba llena de personas de apariencia noble e inocente que ocultaban su preciado secreto en la más completa discreción. Permanecían sentados, en silencio y el pudor intacto, listos para recibir la misericordia del señor con el culo al aire…, y nunca mejor dicho.

El megáfono con voz de rata espacial cibernética finalmente pronunció mi nombre y la sala entera se giró para verme entrar. Cada uno de estos me regaló una sonrisa con cara de que iba a ser la última.

El consenso fue claro y sencillo: me habían deseado suerte.

La sala E41 era la más pequeña de todas. Una doctora pelirroja de genética robusta, bíceps sobrecargados, brazos tatuados en cinco colores distintos y rasgos femeninos poco marcados aguardaba mi llegada atentamente. Volví a mirar el letrero de la puerta para confirmar que no nos habíamos metido en la sala de «tráfico de órganos», pero todo apuntaba a que estábamos en el lugar correcto.

La prima lejana de Arnold Schwarzenegger tenía la mirada posada en la puerta a modo cuentagotas, esperando a terminar la jornada. Algo que me impacientaba aún más.

La media sonrisa envenenada de Karen al escanear el aspecto de la doctora dispensó una dosis adicional de inseguridad en el ambiente.

—Buenas tardes, Tormas y...

—Me llamo Karen, encantada de conocerte.

—Hola, doctora, Tomas al habla, ¿a quién tengo el placer de dirigirme?

—Petrova Sparitskova.

—Encantado, doctora Petrova. ¡Estoy a sus órdenes, camarada! Simplemente recordarle que el túnel tiene peaje. ¡Hay que tratarlo con cuidado! —Quería insinuarle que me tratara el ano con paciencia y mucha amabilidad, pero ahora se va a pensar que soy bisexual y que le estoy pidiendo que me atraviese el culo con cuidado. Idiota. Bueno, es igual, seguro que lo ha entendido.

—Sientarte por esta silla, perfovor. ¡Ven contarme dolor rectus!

A la tercera aportación de la doctora Petrova pude notar un ligero acento a ex Unión Soviética contrabandista que me dejó de todo menos tranquilo.

¿Qué será de mí? ¡Ayuda!

—Así de primeras… parece que te va a atravesar las nalgas con ese *pazo* puño, querido mío.

—No seas ridículo, Estendor, ¡todo va a ir genial! Es una prueba para diagnosticarte, nada más. En una hora estás tumbado en casa con Karen durmiendo tus catorce horas de viernes de siempre.

—Y si la prueba no es suficiente, ¿quién es el profesional encargado de profundizar en el caso?

—Esos son los expertos en radiología, Sophia, que no te enteras. Ahora lo único que importa es que la doña Petrova esta te va a sacar un kaláshnikov calibre 22 y te va a dejar el culito fetén.

—¡Rayos y centellas! ¿Calibre 22? No vas a volver a poder dormir, Tom, esto es horrible. No me creo lo que está sucediendo, ¿y si es un tumor? ¿Y si tienes cáncer?

—Madre mía, Muria, ¿qué coño te has metido hoy, chica? ¿Podemos ver lo que le dicen al pobre chico y luego sacamos conclusiones? Tú siempre tan pesimista… ¡Todo va a ir de perlas, Tom. A estos ni media!

—Entonces, aquí el señorito Tom dejó de conciliar el sueño como lo hacía antes y notamos que…

Recibí una patada por debajo de la silla y volví a mis trece.

—¿Qué de qué?

—El dolor, cuenta el dolor que sentiste —añadió Karen con los ojos en llamas.

—¿Qué dolor?

—El del recto, hijo mío, ¿dónde carajo te crees que estamos?

—¿Tormas, tú bien estar?

—¡Sí, por Dios! Solo quería reconfirmar la naturaleza de vuestras preguntas para abordarlas con la mejor empírica posible, no os pongáis así conmigo. —Era de esas veces que no tienes ni idea de lo que decir y te salvas el pellejo con dos palabras de libro tonto de verano.

Me disfracé con las túnicas de *Homo intelectualis* que acostumbraba a llevar en reuniones de alto cargo y conté el dichoso mal nocturno que me acechaba de la manera más coherente posible.

—No es la primera vez que les hacemos una visita, señora doctora. A decir verdad, hemos venido otras dos veces desde diciembre del año pasado a causa de un dolor agudo en la zona peritoneal, nada parecido a un tirón o escozor vulgar. Reconozco esos dolores, es como si creciera algo dentro de mí. Algo que empuja desde dentro hacia fuera, removiéndome los interiores. Suele presentarse en oleajes de dolor a altas horas de la madrugada y dura dos o tres horas hasta que consigo conciliar el sueño. Durante el día, aprieta pero no ahoga. A veces, hasta puedo sentirlo al sentarme. El problema es que llevo sin dormir bien desde hace un mes y sin pegar ojo desde hace una semana. Hay que encontrarle remedio a esto ya.

La doctora posó el bloc de notas sobre su regazo e inclinó la cabeza hacia delante sin dejar de erguir el cuello ni un solo instante. Sus lentes, redondas y fúnebres, se desplazaron cuatro o cinco centímetros por la nariz hasta llegar a la boca del precipicio. Hice un gesto, pero no se molestó en reubicarlas. A cambio, me regaló una mirada con un ojo medio cerrado y los labios blancos de apretarlos el uno contra el otro.

—¿El diagnóstico fuerron hemorrioides en dos veces?

—Sí, señora.

—Tenemos que ver esto ya mismo.

La doctora se puso los guantes y me tumbó en posición fetal a lo largo de una cama desnutrida que podía derrumbarse en cualquier momento. Karen, tan cariñosa como siempre, me dio su mano y yo la apreté con fuerza.

—Agárrate, colega, que apunta con un 38. Esos ya no los fabrican en España.

—¡Cállate! Esto es importante, joder.

La doctora y Karen se miraron sin entender mi aportación.

—¿A quién le hablas, Tom?

—A nadie, guapa, un lapsus nada más. Prosiga.

La laureada asignada se puso unos guantes azules conforme a la práctica de estos quehaceres médicos y se bañó el dedo índice con una crema cuasiamarillenta que encontró posada sobre la mesa de su consulta. El meñique era una opción válida, pero esta optó por un dedo con mayor número de terminaciones nerviosas: un índice del tamaño de Burj Khalifa.

La concentración y determinación que cubrían el rostro de la doctora apuntaban a que no era un simulacro. El 747 Burj Khalifa, o dedo índice de la doctora, despegó sin previo aviso y comenzó a aproximarse al ojo del huracán. El misil avanzaba con rapidez y precisión, camino a la zona de impacto. Cerré los ojos esperando lo peor, pero no noté nada, ni la puntita. Al principio malpensé que le había caído en gracia a la doctora y había decidido tratarme con un poco más de mimo y encanto, pero muy a mi pesar no era el caso.

—¡Hostia puta!

—Blanco abatido.

—¿Tiene dolor, señorito Tormas?

—No hay dolor, pero tampoco es mi pasatiempo favorito. Dese prisa, por el amor de Odín.

Magnífica arquitectura aquella en la que se unían espíritu, cuerpo y agallas bajo un foco de luz rocinante que conseguía sacar a relucir todos y cada uno de los defectos que adornaban mis queridas nalgas.

El dedo de la exagente del KGB permaneció dentro en forma de gancho unos instantes, lo sacó a la vez que se retiraba el guante y lo tiraba a la basura.

—Eres un quejica. ¿Ves como no era para tanto?

—Tienes toda la razón. Un *hobby* que merece un puesto honorífico en mi agenda de viernes. De ahora en adelante voy a cambiar las tardes de póker por los tactos rectales.

La doctora se incorporó silenciosamente con la mano posada en la barbilla y la mirada perdida en el suelo. Tomó asiento tras la mesa principal de su consulta y calibró sus pupilas con las mías hasta hacerme cosquillas en la nuca. Mi desconexión era inminente.

—¿Qué demonios puedo tener en el recto para que una especialista que cubre más de mil invasiones anales anuales me mire de esa forma?

—Estos han sido los de la ofi cuando te quedaste sopa en la barbacoa de Ignacio... La doctora ha tocado un cochecito de juguete y ha flipado en colores. ¿A que sí? ¿Hola?

—Danos un segundo, Estendor, estamos apuntando lo que acabas de decir en nuestra lista de cosas que no nos importan una mierda.

—Ahora en serio, no pueden ser hemorroides... Seguro que ha encontrado una inflamación de los ganglios o una infección horrible o incluso...

—¿Incluso qué?

—Un tumor.

—Venga ya, motivada, todo va a ir bien, Tom. ¡No te preocupes! Sabes que Cúpula siempre tiene razón.

—¿Qué pasa, doctora?

—Es una hemorroide trombosada, señorito Tormas. Tenemos operar probablemente. Voy apuntar colonoscopella para ver mejor alien.

La doctora extrajo un papel del montón y apuntó los pasos a seguir con caligrafía ilegible, muy propio de este sector. Me levanté con cara en signo de interrogación, pero no hice preguntas. Rompí el silencio con una palmadita en el hombro derecho de la doctora seguido de un «muchas gracias» amistoso, y nos retiramos de la sala.

—Karen, ¿a qué demonios llamáis colonoscopella?

—Se dice colonoscopia. Es una prueba médica en la que te duermen e inspeccionan la zona colorrectal con una camarita. La doctora comparte la opinión de que probablemente tengas una vena que se ha coagulado y por eso te duele.

—¿Si ya sabéis lo que tengo, por qué queréis meterme una cámara por ahí abajo? ¿Qué tipo de fetiche macabro tenéis con mi culo?

—Porque no está cien por cien segura de que es una hemorroide trombosada.

—Los médicos sois muy vuestros.

—¿Qué quiere decir eso?

—Que nadie os entiende y asignáis pruebas médicas delicadas con mucha soltura. Parece que os hace gracia ver a la gente acurrucada en camas cojas y diminutas aguardando el momento más mísero de su existencia. ¿Tú eres consciente de que esta expedición macabra consiste en perforarme el trasero con una cámara y emprender una misión a lo Julio Verne en la que quizás, solo quizás, encuentren el tesoro en algún remoto lugar de mi cuerpo? Solo espero que tengan un poquito más de éxito que Indiana Jones.

—Es una prueba necesaria para el diagnóstico, sin más, pero, ya que insistes, esta situación en especial es bastante más graciosa que la de otros pacientes.

—¿Otros? ¿Qué dices de otros? ¿Tú también estás familiarizada con estas artes oscuras? ¡Aparta, Belcebú!

Desenfundé los dedos índices de ambas manos en forma de cruz y apunté a la frente de Karen sin piedad, esperando que se desintegrase igual que un vampiro de Hollywood, pero me di cuenta de que la trama de mi película cobraría más sentido en la sección de volúmenes eróticos anclados en fetiches inusuales, probablemente en algún videoclub de la ex Unión Soviética, custodiados por un primo lejano de la doctora Petrova.

—He participado en algunas colonoscopias, sí, pero no me dejaron hacer la maniobra a mí sola. Lo hacía todo el doctor.

—Espera, espera... ¿O sea, que semejante ardua tarea no era de tu competencia y fuiste tú quien pidió el relevo de responsabilidades?

—¿Y cómo pretendes que aprenda? Toda esa zona tiene muchísima relevancia en oncología.

—Corrígeme si no estoy en lo correcto. ¿Le pediste a un desconocido con una bata blanca y guantes azules con restos de cloaca, quien seguramente llevara las gafas empañadas de heces, que te diese el *joystick* para jugar a las casitas en el interior de una persona?

El comentario devolvió una media sonrisa piadosa. Tomé el gesto por respuesta.

Pronto asomó el pequeño Fiat 500 en el horizonte y pude descansar las piernas con solo visualizar el asiento del copiloto que me teletransportaría a la dulce y añorada madriguera que compartía con Karen.

Antes de arrancar, pensé oportuno comunicarles a mis padres las buenas nuevas y quitarme otro peso de encima. Mi idea de viernes era perderme en la trama de una película mala de ciencia ficción con Karen y apreciar cómo se quedaba dormida sobre mi pecho. Cualquier distracción no era bienvenida y menos la de tener una madre española preocupada.

Conocía bien la reacción que provocaría la noticia y decidí abordar el tema con truco, recitándole la partitura a mi madre primero sin notas graves y esperando que esta llegase a oídos de mi padre, quien apaciguaría la sed de sobreprotección de la matriarca y garantizaría el *statu quo* durante todo el fin de semana. Una obra maestra sin precedentes, ni el mismísimo Mozart componía con tanta destreza.

Busqué su número en la agenda telefónica a la par que movía los labios y enarcaba las cejas, pensando que así sintonizaría mejor con el papel que estaba a punto de empeñar.

Encontré el teléfono y apreté el botón de llamada, con valentía.

—Comunicando… ¡Suerte la tuya, colega! Ahora cuelga y pasa de ella. La llamada cuenta y te ahorras el sermón.

—¡No! ¡Ni se te ocurra! Seguro que las pruebas médicas se hacen bajo sospecha. Debes llamarla y agilizar el diagnóstico lo antes posible.

—Vamos a ver, Sherlock, hoy Watson está de vacaciones y nos hemos dejado la lupa en casa, ¿estamos?

—¡Relámpagos, Estendor! Esto puede ser de vital importancia para su salud.

—Quizás deberíamos abordar este tema con la misma intensidad que sugiere Muria, pero el lunes, pasado el fin de semana, así podremos planear la jugada en plena forma. ¿Qué decís?

—Sophia, ¡por el amor de Odín! Esto puede ser una catástrofe. ¡Tiene que ser ya!

Tardó menos de cinco minutos en devolver la llamada y contesté sin ceder palabra, confundido por el caos que acababa de generarse en una milésima de segundo. Respiré hondo hasta rozar la hiperventilación y solté el aire con cautela. A mi modo de ver, contaba con dos opciones: 1) podía contarle lo que pasaba y seguir el plan, o 2) decirle algo que justificase la llamada, pero que no tuviera nada que ver con lo que estaba pensando.

—¡Di algo ya, *colgao*! Va a pensar que estás drogado. Suéltale el rollo de las camas con luces, seguro que se interesa y no canta mucho.

—ME NIEGO. Te voy a silenciar, ¡Estendor! Sabes que todavía puedo hacerlo, no he utilizado el VETO de este año todavía, ¡canalla!

—¡Que te den, furcia de los infiernos! —Muria invocó al jurado del Tribunal Supremo de la Conciencia, el TSC, y silenció a Estendor. Una concesión cuasigratuita debido al historial de este.

—Vaya insensato, oye... Qué gusto estar las próximas veinticuatro horas sin él. Volviendo a la matriz del asunto. Tom, tienes que contárselo de una, sin filtros. Sabes perfectamente que los excesos pecan de realismo cuando se vierten en temas de salud.

—¿Tom, estás ahí? —Mi madre golpeó el móvil un par de veces sin fuerza y volvió a la carga—. Vaya mierda de cobertura, ¿me oyes?

—¡Mamá! ¿A que no sabes qué?

—Por fin, ¿dónde tenías el móvil, hijo? Es imposible hablar contigo, estás más ocupado que el presidente del Gobierno. Ni un solo minuto al día le dedicas a tu madre. ¡Qué vergüenza! De buena: tonta. Soy tonta. Ni un día he faltado a la sartén para enviarte comida y que no tengas que cocinar. ¡Ni uno! Y qué me dices del coche, ¿eh? Sabes que he tenido que ir yo con Vinicio para ver que está todo en orden, porque ni te has molestado en traerlo siquiera. ¡Estás que no aterrizas! Saca ya las malditas ruedas y aterriza, ¡hostia! Pon el pie en el suelo. ¡Irreconocible, vamos! Si se lo dijera a tu padre, otro gallo cantaría. Espera, que todavía hay más. Qué me dices del...

Olvidaba que los primeros quince minutos de cualquier conversación con mi madre estaban copados por su monólogo habitual de apreciaciones puñeteras que sientan como un hielo en la espalda que se queda encasquillado hasta que se derrite y el agua cae por la rajita del culo.

—... ¡pues eso! Nunca más, ¿eh? ¡Nunca más! A ver, ¿para qué me llamabas?

—Nunca más, mamá. Nunca.

—Así me gusta... Ahora cuéntame. ¿A qué se debe el santo milagro de recibir una llamada tuya un viernes por la tarde?

Respiré hondo y pensé en abordar el discurso mediante una comunicación insidiosa, informando al escuchante progresivamente de los detalles, y rogar que sea este quien facilite la solución que había planteado transmitirse inicialmente.

—He ido al médico y me ha dicho que probablemente me tengan que operar.

A tomar por culo con la bicicleta. Directo y al grano, sí, señor, ¡qué frescor!

—¿Que qué? —Se escuchó cómo se incorporaba de donde sea que estuviera echada y retomó con ganas—: ¿Operar? ¿De qué? ¿Qué te ha pasado? ¿La pierna?

—Dicen que han encontrado algo raro en el recto, pero ¡no te asustes! No es la primera vez que vamos al médico, ¿vale? Primero me dijeron que eran hemorroides, ahora la sospecha es que son hemorroides trombosadas y tienen que hacer una colonoscopia, posiblemente operar.

—¿Estás en el Nacional o en el Internacional?

—Nacional.

—Ni se te ocurra hacerte nada serio allí, ¡a tu padre casi le matan! Voy a buscar al mejor colonoscopista y que te hagan la prueba en el Internacional. Las ocurrencias de improviso son las que luego dejan huella, mejor todo despacito y con buena letra.

Karen, quien me había visto pasar noches sin pegar ojo, sabía que cada día que pasase sin ponerle remedio al asunto se traducía en otras veinticuatro horas de malestar crítico. Entre los síntomas destacaban el sudor frío, las punzadas de campeonato y los calambres de ciencia ficción. Una pesadilla con la que llevaba luchando dos meses sin mediar palabra con mis padres hasta que la situación fue insostenible y la brújula del raciocinio puso rumbo a tierras de batas blancas y fetiches anales.

—Nana, no estoy de acuerdo... Van a tardar más de la cuenta y Tom necesita un diagnóstico para ayer. Además, ya tenemos cita fijada para el lunes, ¿qué más te da que se lo hagan aquí o allí? Lo importante es que se la hagan.

—Al padre de Tom casi le matan en ese centro, son unos incompetentes y no tienen idea de nada. Mi hijo no se trata allí, por encima de mi cadáver. Ahora mismo le voy a recoger...

—Nana, ¡escúchame! Es ilógico volver a pedir cita para salir de la consulta con exactamente los mismos papeles firmados por otra persona. ¿Lo entiendes?

—He dicho que no, ya estoy de camino con Vinicio.

Karen colgó sin avisar y bajó del coche, dejando atrás el estruendo de un portazo que casi me deja sordo. Comenzó a andar hacia la salida del aparcamiento con la mirada en el suelo y los brazos cruzados. Aceleré la marcha para ponerme a su altura y la detuve con delicadeza. Apestaba a ira.

—No entiendo por qué nunca me hace caso. ¿Tú crees que entiende lo que digo o directamente pasa de escucharme? Es por tu bien, nada más. No quiero que pases otra noche en estas condiciones, necesitas que te vean eso ya. —El viento nos robó un segundo de protagonismo, Karen se retiró el pelo de la cara y clavó sus pupilas en las mías como dos lanzas maoríes—. Tom, esto me da muy mala espina.

Volvió a vibrar el teléfono y esta vez contesté antes de que sonara. Un grito indescifrable trepó por el altavoz del móvil y se estampó contra nuestros tímpanos. Me lancé a la retórica, pero el peso de la mirada de Karen no facilitaba las cosas.

—Soy yo, mami.

—¿Dónde estás? ¿No me escuchas o qué? Llevas dos años que no aciertas ni una, hijo mío, ¡estás a por uvas! —Hizo una breve pausa para indicar al chófer la ruta que debía tomar y volvió a la carga, esta vez con bayoneta—. Desde que estás con esa niña no haces más que hacer el memo, te ha abducido, hijo mío, ¡ya ni te reconozco!

No hace falta ser Freud para entender los motivos que esconde el comportamiento de una madre soltera y temperamental frente a la primera pareja seria de su hijo único. Acabas aceptando la sobreprotección y solo saltas cuando las maneras rebasan los confines del respeto; cosa que empezaba a ser frecuente y no era del todo sano.

Karen se cerró en el desconsuelo y caminó en dirección al Mercadona que había delante del hospital. La seguí un instante, pero al poner pie en la acera escuché el ruido inconfundible de las pastillas de freno del Jaguar S-Type, diésel, que acompañaba a mi madre por la guapa ciudad de Madrid a sus reuniones de trabajo. La bocina me taladró el lóbulo frontal cuatro veces, no hubo piedad hasta que puse la mano en la puerta. Igual que cuando llegaba a casa de trabajar a las tantas y seguía tocando el timbre que, no era precisamente el *Himno a la alegría*, aunque gritásemos que la habíamos escuchado a los cuatro vientos. Ella quedaba hurgando con el dedito hasta que entraba en casa.

No hubo más remedio que subir al coche e intentar comunicarme con Karen por teléfono. Seis llamadas, tres mensajes y dos correos electrónicos después seguía sin recibir contestación. Era muy habitual la práctica de comunicarnos por correo electrónico cuando el «genio» de la lámpara interrumpía las telecomunicaciones. La imaginación es clave en la estabilidad de una relación donde cada cual es más terco que el otro. Todavía recuerdo el día que Karen impuso una barrera infranqueable entre nosotros y se me ocurrió la brillante idea de construir una linterna volante para hacerle llegar un mensaje al piso cuarto donde vivía con su madre, imitando los vagos recuerdos de una película manga que todavía fluían en mi memoria. Ella era mi *geisha* y yo su samurái, solo que esta vez el samurái no se dio cuenta de que el viento suele alimentar el fuego de la linterna volante hasta que empezó a arder el contenedor de una obra en mitad de la carretera y este, sin más remedio, tuvo que darse a la fuga. Qué bonito es el amor.

—Mamá, qué pesadita te pones cuando quieres, mujer. No hacía falta hacer esos comentarios sabiendo que estaba con el maldito altavoz puesto.

Doña Aitana lucía unas sandalias de Hoplita Macedonio y un vestido blanco largo cubierto de variaciones de rosas rojas.

—¿Qué dices? Yo no he dicho nada. Encima que lo hago todo por tu bien, no me vengas con tonterías. Ponte el cinturón, anda.

Se acercó a Vinicio como si estuviera sordo o el hombre no hablase nuestro idioma.

—Vinicio, vamos al Internacional, el que está en Vista Sierra, ¿vale? El que está en Vista Sierra. —Satisfecha con sus indicaciones, volvió a incorporarse en su asiento del copiloto—. Tom, ¿qué te han dicho exactamente?

—Extirpar. Hay que extirpar. —Mi paciencia, que era poca, había sobrepasado el límite—. Me tienen que meter un tubo de ácido sulfúrico por el culo e inyectar una dosis de ántrax que potencialmente dejaría aturdido al ser maligno que ha tomado mi maldito recto por su hogar. Va a ser el desahucio más rápido de la historia, ya verás.

—¿En serio? ¿Qué me dices? ¿Cuándo lo hacemos?

Mi madre es actriz, de las que han peregrinado en Hollywood, de las que nunca dejan de trabajar, de las que hacen teatro delante de tus narices y te regatean sin darte cuenta. Ella sabía perfectamente que no hay protocolo médico que apruebe la inserción de ácido sulfúrico por el agujero. Hacerse el tonto es de listos, y ella se lleva el Óscar.

—Elemental, mi querido Watson.

—¿Qué te han notado en el tacto? Un bulto en el recto, pero cómo, ¿alargado?, ¿puntiagudo?, ¿duro?, ¿blando?

—Pues la mujer no me ha hecho un retrato robot del asunto, pero me ha dado la sensación de que su diagnóstico de hemorroide trombosada se lo ha sacado de la manga. Por el tono y la cara que tenía parecía que no había visto algo así en su vida.

Capítulo segundo
Nalgas y más nalgas

El mundo está plagado de caníbales apuestos con chaqueta y corbata. Vivimos entre ellos, nos comunicamos con ellos y muchas veces hasta confiamos en ellos. Les metemos hasta la cocina, se burlan, se aprovechan, se crecen. Es difícil, lo sé. La inmensa mayoría de los mortales no le ven los dientes al lobo hasta que reciben un mordisco. Son sesenta y cinco millones de años de cultura presa-predador la que corre por nuestro ADN. ¿Acaso los últimos dos mil quinientos van a cambiar algo? La nieve no cuaja tan rápido, señores. La nieve cuajará cuando la moral sea una ventaja selectiva, y, de momento, es más lógico trepar la escalera con otro tipo de ambiciones. ¿No lo ves? ¿Qué te piensas que es la corrupción? Esto no es cuestión de rico-roba-pobre, esto es cuestión de humano-roba-humano, esto va más allá que un simple escándalo televisivo. ¡Mucho más allá!

Todos poseemos una condición de poder respecto a una o muchas personas que conocemos y todos somos susceptibles a utilizarla para nutrir nuestro propio interés. Estamos diseñados para ello. Todos podemos corromper y ser corrompidos. Ahora dime, Cúpula, mi querida optimista incomprendida, ¿cuál es más puta, la de un euro o la de un millón? Sí, la pregunta va con truco. ¿Cuál es tu respuesta? La respuesta es sencilla: ambas. Ambas son igual de putas, la única diferencia es que a nadie le da morbo una puta que cobra un mísero euro. Hay fraudes de un euro por las esquinas, rincones y fachadas de todo buen barrio español. ¡Como debe ser! Somos mamíferos bípedos e intransigentes, no te sobrestimes. Igual con tanta película de superhéroes te has subido a la parra, pero no, señor, los confines de la intelectualidad siguen anclados en nuestro egocentrismo. ¿Te sorprende? A mí no... En cualquier caso, ¿qué es el valor del dinero sino una construcción humana? Nada, no es absolutamente nada. ¿Cuál es la diferencia entre alguien que utiliza su condición para nutrir su cuenta bancaria y alguien que la utiliza para alimentar su ego, sed sexual o lo que traiga en gana? NINGUNA. Hay abusos de poder allá donde mires, ¿qué me dices del que humilla con la palabra para sentirse mejor o del que te vende una historia sabiendo que no tienes ni idea y te cobra el doble porque no hay por dónde pillarle? Los abusos de poder institucionalizados solo son reflejos de lo que ocurre a menor escala, es una empresa humana la que mueve los hilos, no lo olvides. Así que, si la cosa va de señalar con el dedo, ¡aquí todos somos pecadores! Solo hay una manera de plantarle cara a alguien con una condición más poderosa que la tuya, sin importar cuál: con más poder.

—¿A qué te refieres «con más poder»?

—Información, amiga mía, ¿acaso tiene otra cara el poder que no sea la información?

—Tu razonamiento no está mal del todo, Sophia, pero también hay muchos humanos que se restan a ellos mismos voluntariamente para sumarles a otras personas. La empatía es un rasgo que define a nuestra especie y claramente es el rasgo distintivo que ha marcado nuestra evolución de manera colectiva. Yo no estoy de acuerdo. No se trata de plantarle cara a nadie, se trata de colaborar para conseguir más de lo que podemos conseguir en solitario. De eso se trata: juntos siempre llegamos más lejos.

—La colaboración es el producto de dos intenciones y no es fácil confiar en la voluntad del que tienes al lado. Ten cuidado, si lo haces, que sea con cuentagotas.

—Qué dolor de cabeza. —Di un trago a la botella de agua templada que había en el suelo del asiento de copiloto y giré la cabeza hacia el asiento del conductor—. Oye, Vince, ¿cuánto falta?

Alcé la mirada y encontré a dos guardias de seguridad perfectamente uniformados junto a la entrada del Internacional. Levantaron la valla sin vacilar y nos invitaron a pasar con un gesto exagerado de amabilidad. Vinicio hizo la rotonda y tomó la salida de urgencias, dejando el coche a la altura de dos señoritas con bata blanca que apuraban un cigarrillo de liar.

Abrí la puerta con entusiasmo y proyecté mi cuerpo hacia el espacio exterior. Las dos jovencitas me escanearon de arriba abajo en busca de un motivo para alarmarse, pero, al ver que no había heridas de guerra, continuaron impávidas bajo la nube de humo de sus cigarrillos. Intuí que la zona de urgencias estaba reservada para personas con males mayores, astringentes, de los que se ven a la primera y producen una sensación de malestar inmediata.

Pues no, yo no era el caso.

En aras de no parecer un sinvergüenza, tuve la brillante idea de comenzar a cojear con la pierna izquierda hasta parecer un soldado recién llegado de Afganistán. Fue progresivo, inteligente. Primero congelé el tobillo y dejé inmóvil la rodilla sin frenar la inercia habitual que lleva el cuerpo al caminar, pero casi me rompo el cráneo contra la puerta giratoria y decidí optar por algo diferente, algo menos agresivo. Pensé en arrastrar la pierna izquierda, como cuando se te olvida el rastrillo del búnker y quieres parecer una persona civilizada. Arrastré la pierna unos pasos y pude ver un gesto de aprobación en las miradas del personal médico que caminaba por los pasillos del hospital, pero todavía no había superado el umbral de gravedad que pudiera justificar el desembarco por la zona de urgencias. Había que aumentar la dosis. La idea de «arrastrar y cojear», en ese mismo orden, era muy apetecible y así fue.

Arrastrar, cojear, arrastrar, cojear, arrastrar, cojear, me como al hombre en la silla de ruedas, arrastrar, cojear..., y así sucesivamente hasta que un ser diminuto con cara de espanto me recluyó en una sala con luz tenue, en solitario.

Pensé por un segundo que mi sobreactuación había coincidido con los síntomas típicos del ébola, u otra enfermedad de telediario mañanero, y habían pensado que era adecuado encerrarme en una sala un poco más alejada del resto.

Al rato entraron dos enfermeras para sacarme sangre y por la ausencia de mascarillas en sus rostros deduje que mi presidio únicamente se debía a que habían reconocido a mi madre, y, por regla general, siempre se llevaba todo con mucha más discreción cuando se trata de «nuestra familia».

—Buenas tardes, señorito Tomás. Me llamo Adela, esta es mi compañera, Carmen, venimos a cogerle una muestra de sangre para la analítica que ha solicitado el doctor, ¿qué brazo le viene mejor?

—Usted dirá, mis venas son como agujas en un pajar. Eso sí, atine bien, señorita, llevo una tarde de médicos muy larga y estoy con ganas de pegarle un buen ladrido a alguien.

—No se preocupe, señorito Tomás, esto no va a ser más que un simple pinchazo.

—Entendido. Adelante.

Me remangué y extendí el brazo izquierdo sobre el acolchado de la silla. La enfermera con más edad, pelo negro rizado y cara de simpática se sentó delante para dar comienzo a las tareas inquisitivas. La otra chica, más joven y menos agraciada, contemplaba la situación rodeada de un aura de curiosidad, observando atentamente. Al fijarme en su bata vi que su acreditación estaba estampada con el nombre de una universidad y supuse correctamente que mantendría un estatus de no beligerancia en la hazaña que estaba a punto de comenzar.

Noté el pulso de la enfermera guapa recorriéndome el largo y el ancho del brazo, tres o cuatro veces, sin éxito. Recibí un par de golpecitos debajo del bíceps que, por cierto, nunca sirven de nada, y pidió que enseñara el otro brazo. Mismo procedimiento sin éxito. Finalmente bajó la mirada a las muñecas y señaló un pequeño espacio cerca del metacarpiano.

—Vale, vamos a ello.

—¿En la mano?

—Es la mejor vena que tiene usted. ¿Prefiere que pruebe con otra?

—No, no, hágase su voluntad, señorita Adela, queremos lo mejor para la prueba que ha pedido el doctor. Lo que usted diga.

La travesía de la aguja mantuvo un paso firme e indoloro hasta que llegó a las capas más profundas de la piel, donde comenzó a navegar a la deriva sin tener en cuenta las súplicas de las terminaciones nerviosas que habitan en mi interior, surcando los confines del dolor sin pudor, hasta que finalmente, por gracia de Odín, dios de dioses, la maldita aguja consiguió llegar a buen puerto. Lo peor es que la inmersión no fue una, fueron varias hasta que unas pocas gotitas de sangre se asomaron por el tubo encargado de llevar la muestra al laboratorio. Por desgracia, la expedición no había llegado a su fin. Al ver que la extracción por aquella vena no daba más de sí, las dos valientes enfermeras se dispusieron a vaciarme el brazo haciendo uso de una técnica sorprendentemente moderna e innovadora para los tiempos que corren.

Sus cuatro manos rodearon el brazo por la parte inferior del bíceps y lo exprimieron con ganas, como si fuera el dentífrico desproporcional de un mamut al que se le ha olvidado hacer la compra y solo queda una gotita de masa viscosa en su interior.

—Duele mucho, ¿será este el método más eficiente para extraerle sangre a un ser humano?

—No sé, Sophia, pero creo que van a arrancarle el brazo como sigan tirando de esa manera.

—Dale un puño en la nariz a cada una y se acabó la historia.

—¿Estendor? ¿No te han dicho que estés calladito hasta mañana, ser inmundo de las cloacas infernales? Pues eso.

—Tienes que decir algo, Tom. Van a seguir haciéndote daño, ¡recórcholis!

Sonadas punzaditas de olor axilar comenzaron a acariciarme las fosas nasales; oleajes frenéticos y lentos, como una vara a su violín. Afiné la mirada para localizar el origen, pero no hubo premio. Ambas enfermeras habían roto a sudar en auténtica discreción y no estaba yo para ejercer de Sherlock Holmes a esas horas. Era tarde y solo quería volver a casa, pero la situación era digna de apreciación. Las hijas de Hipócrates lo daban todo, como si fuera un anuncio de superación de Adidas, cogiendo aire entre toma y daca, rimando inspiración con espiración bajo las filas armónicas de su distinguida fragancia.

No había dolor. Era tan curioso el sinsentido de aquel cuadro tan estupendamente cómico y novedoso que no presté atención al procedimiento médico que estaba recibiendo en ningún momento.

—¿Le duele mucho, señorito?

—Para nada, son ustedes unas magníficas artistas. Simplemente déjenme transmitirles que si siguen generando tanta fricción en el brazo con sus movimientos, voy a pegar tal calambrazo que nos vamos a quedar todos en el sitio.

Las enfermeras se echaron a reír hasta que entraron en el cuarto mi señora madre y un doctor, anunciando su presencia con un «ejem» majestuoso y resonado. Por la determinación que maquillaba cada uno de los movimientos del doctor entendí que estaba mucho más condecorado que el resto del personal médico.

Adela y Carmen recogieron todo con rapidez y salieron huyendo con una cuasirreverencia a la que asintió el doctor sin mucho afecto.

—Tom, este es el doctor Navarro Narváez Nervión.

—Un placer triple N, estoy deseando conocer su opinión —añadí con intención de sacarle una sonrisa a mi nueva audiencia.

—Es Narváez Nervión, señor —sugirió tras rasgarse la garganta violentamente.

—Disculpe, era una broma. Ha sido un día largo y a estas horas me chirría el sentido del humor. Cuénteme si es tan amable.

—No se preocupe, señor Tomás, simplemente quisiera hacerle un tacto para conocer su dolencia con más detalle, quizás invitarle a hacerse otras pruebas más congruentes más adelante dependiendo de mi diagnóstico. Si me permite, túmbese en la cama.

Fundió sus manos en guante blanco e hizo una señal con el codo, apuntando a la camilla.

—No quisiera aburrirle, doctor, pero me gustaría hacerle una pregunta antes de continuar.

—Sin problema, dígame usted.

—Las pruebas de las que me habla, esas que están dotadas de un grado de congruencia mucho más elevado que el resto, ¿también requieren una inmersión anal mucho más profunda que el resto, verdad?

El rostro pálido del doctor se mezcló con la primavera que respiraba el ambiente y quedó ligeramente atomatado, color gazpacho pero sin pepino, como me gusta a mí.

—Señorito Tomás, eso depende de lo que pueda precisar su situación actual, no he tenido el placer de explorarle todavía. —Incómodo, confundido.

—Eso es un sí, entiendo. —Hice una breve pausa para interiorizar el destino que me aguardaba y volví a la batalla—. Hágalo, señor doctor, la espera es dura.

—¿No existe una base de datos globalizada donde compartan la información médica de los pacientes? No hace falta poner su nombre y apellidos, ni rostro ni vergüenzas, simplemente datos relevantes para los médicos. Sería una buena forma de ahorrar tiempo y optimizar los tiempos de diagnóstico, mortalidad de tratamientos y, bueno..., todo un poco en general, ¿no?

—Dudo mucho que exista eso, Sophia, parece que van a tener que hurgar en el pantano una vez más. Están siendo un poco pesados.

—¡Miércoles! Van a acabar desgarrándole las partes a nuestro Tom. ¡Tenemos que hacer algo y tenemos que hacerlo ya!

—No flipes, Muria, tampoco es para tanto. Además, seguro que esta exploración trae consigo un poquito más de conocimiento sobre el dichoso mal que nos lleva despertando día sí y día también a las tres de la madrugada.

Pantalón por las rodillas, calzoncillos a medio bajar y posición de novillo recién llegado al mundo. La camilla era mucho más cómoda esta vez y olía bastante mejor, a lavanda con notas de una fragancia suave, sabor a Grecia en primavera, la Grecia de paredes blancas y flores fucsias, la Grecia joven y fresca que da vida a las islas del mar Egeo.

—Bueno, yo os dejo que habléis tranquilitos y hagáis lo que tengáis que hacer. Tom, cuando acabes estoy fuera, si me necesitas pega un grito. —Marcha atrás y portazo.

—Encantado de compartir esta cita a solas con usted, doctor, estoy listo.

Ya conocía el procedimiento y no tenía intención de molestar con espasmos ni tartajeos de principiante neurasténico. Las mejillas de don Navarro Narváez Nervión seguían coloridas de la vergüenza que le había hecho pasar y era mejor permanecer falto de palabras. El hombre es de esos que se toman la vida con demasiada seriedad y luego se dan cuenta de que no hay marcha atrás. Además, llevaba tiempo faltando a mi palabra, en casa dicen que la elegancia es insonora.

Maldito maleducado.

Pues bien, guardé tanto silencio que el silencio nos envolvió en un llanto de sátira a los dos, pero sátira aguda e incómoda, de las que infunden todo menos seriedad allí donde vaya.

¿Qué he hecho yo para merecer esto un viernes a las diez de la noche?

Nada más y nada menos que otro cuadro para la colección: chico joven tumbado en camilla con dedo metido en el culo por hombre con cara de interrogación. Voy a acabar con más retratos en la colección de recuerdos a fecha de 23 de marzo que el perturbado de Van Gogh en toda una vida.

—¿No lleva mucho tiempo ahí dentro el doctor? Algo me dice que ha tocado algo que no esperaba.

—Nah, Sophia, eso es que el señorito Tom acostumbra a lavarse sus partes con mucha brevedad y probablemente el doctor ande tocando grumitos de ColaCao.

—Cúpula, das mucho asco, mujer... Esos detalles se pueden quedar en el metaconsciente, no hace falta traerlos a la luz. Ahora me están entrando ganas de devolverle la Coca-Cola que acabamos de comer al mundo terrenal.

—Qué pija eres, ya te has olvidado de los años de Sigma Tau Alpha en Estados Unidos cuando devolver era un arte majestuoso alabado y practicado por las masas.

—¿De verdad estáis hablando de eso ahora? Prestad un poco de atención, por el amor de Dios.

—Sophia tiene razón. Déjate de historias, Cúpula, esto pinta peor de lo que esperábamos.

Tenía la cara tan cerca de la pared que podía apreciar cada malformación microscópica del gotelé sin necesidad de afinar la mirilla. Intenté girar el cuello para cruzar miradas con el doctor, pero no fue posible. Cerré los ojos y puse el foco de toda mi atención en la exploración médica, intentando anticipar lo que estaba ocurriendo para apaciguar la crisis neurótica que estaba a punto de tener lugar allí mismo.

Respiré hondo y noté un pequeño albedrío en sus movimientos, parecía que el curso de la exploración había tomado un rumbo diferente, como si intentase averiguar algo que no había estado presente hasta el momento.

—¿Qué es? No puede ser bueno, la reacción sería otra. ¿Notáis cómo incurre en la misma zona una y otra vez?

—Sophia tiene razón. No quiero ponerme en el peor escenario, pero...

—Tú vives en el peor escenario, Muria.

—Déjame hablar, ¡cáspita! Siempre metiéndote conmigo, ¡leñe! Cómprate un Furby, mujer, y déjame en paz...

—Vale vale, era solo un apunte sin importancia, lo siento.

—Pues menos apuntes y más respeto... Decía que hay un patrón claro en lo que hemos vivido los últimos meses: los dolores nocturnos, la sensación de hinchazón por dentro, las supuestas hemorroides sin escozores ni síntomas típicos...

—Vale, ¿y dónde está el patrón?

—¿No lo ves? Que todo ha ido a peor, normalmente nos dicen lo que es a la primera, pero llevamos desde diciembre del año pasado probando cremitas y nada.

—Eso no es un patrón, es una coincidencia.

—A ver, Sophia, doña sabelotodo, sea lo que sea pinta mal, muy mal. Solo aviso.

—Nah, seguro que es para menos.
—Quien avisa no es traidora.

Observé cómo cambiaba el rostro del doctor de interrogativo a serio hasta quedar totalmente mármol, perplejo, inmóvil. Quedé sorprendido por su reacción, era totalmente inesperada, y no lo dice cualquiera. Te lo cuenta alguien que casi pierde el brazo por el mordisco de un perro a los siete, la pierna esquiando a los doce y el coco por una bomba de fabricación casera a los diecinueve. Era todo muy curioso, nunca había visto a un médico con tanta duda en el cuerpo.

—Bueno... —Deshaciéndose del guante blanco—. Me temo que tiene usted un absceso y hay que intervenir, preferiblemente ya, ¿ha comido o bebido en las últimas seis horas?

—¿Otra vez? ¿Otro tacto? Si acaba de hacerme uno, doctor.

—Intervenir quirúrgicamente, señorito Tomás. Me temo que tiene usted una infección que debemos abordar en este mismo instante.

—¿Qué tipo de infección puedo tener en el culo? ¡No me asuste!

—Es un absceso, una acumulación de pus en el recto que podría crear ciertas complicaciones si no se trata de inmediato. Origina en la parte izquierda y crece hacia fuera, por lo que debemos tratarlo ya mismo antes de que choque con cualquier estructura circundante.

—¡Qué chulo! ¡Tom tiene una bomba de relojería en el culo! Sabía que guardaba algo especial, pero nunca imaginé que fueran superpoderes anales.
—No es broma esto, Cúpula, aunque sea mejor de lo que imaginamos en un principio, hay que tomárselo con seriedad. Puede complicarse, ¿no le has escuchado al doctor?
—Eres experta en dar ánimos, no viene mal derrochar un poco de humor en estos casos. Estoy seguro de que hasta los doctores lo recomiendan.

Me incorporé en la camilla, aún con los pantalones bajados, y estampé la mirada en las pupilas del doctor. Sentí una oleada de picores por la zona donde se aplica el lubricante y tuve la necesidad de ponerle remedio al problema en ese mismo instante. La mirada seguía clavada en el rostro del alma máter sin mediar palabra a la par que alcanzaba la zona hostil con mi mano derecha, discretamente, por detrás. Al hacer contacto con el área impacientada, noté un escozor agudo al chocar palma y piel, produciendo una reacción instintiva y violenta que me obligó a saltar, doble tirabuzón, y caída ejemplar, como en las Olimpiadas.

El general del séptimo de medicina pegó un brinco

casi igual o más grande que el mío. Curiosamente no se incurvó en absoluto al despegarse del suelo, como buen hombre de la vieja escuela que era.

—Señorito Tomás, ¿qué hace?

—Doctor, hay fuego. ¡Fuego en el culo!

—Qué dice, no hay fuego, no veo fuego por ninguna parte.

—Abajo, por el amor de Hipócrates, me arde el ano.

La visión del doctor y el epicentro del problema acercaron posturas hasta quedar irregularmente cerca. Nada más empezar el tercer análisis del tren inferior del día, esta vez con lupa, la música de unos tacones anunció la presencia de alguien que se aproximaba a la velocidad de una gacela.

Doña Aitana abrió la puerta sin los tres golpecitos de cortesía que nunca vienen mal por si hay dos seres humanos olfateándose el culo en el interior del cuarto, y entró haciéndose notar como es costumbre en casa Oregón.

—¡Por el amor de Dios! ¡Qué hacéis! —Mi calzoncillo y pantalón volvieron a su disposición natural en un salto de dolor.

—Doña Aitana, no se altere. A su hijo le ha causado una pequeña reacción el lubricante que aplicamos para realizar tactos rectales, y estaba inspeccionando la zona para asegurarme de que no hay motivo de preocupación.

—Pues todavía me arde un poco.

—Pero ¿qué le ha metido por el culo a mi hijo? ¿Pompeya en solución salina?

—En absoluto, señora, únicamente el 0,004 % de los pacientes tienen una reacción al lubricante que utilizamos en este hospital.

—Eres rarito hasta para los lubricantes, hijo. Anda, abróchate el cinturón que menuda estás armando, y no llevamos ni dos horas aquí.

—A la orden, mi comandante. —Apreté el cinturón hasta quitarme veinte kilos de encima.

Doña Aitana abrió la Coca-Cola que traía para mí y se la bebió de un trago. No dije nada porque la pobre mujer acababa de presenciar una escena muy inquietante y qué menos que ahogar la imagen en burbujitas de anhídrido carbónico.

—Cuénteme, doctor.

—Le he realizado una exploración a su hijo para comprender y analizar el motivo de su consulta y mis hallazgos no concuerdan con el diagnóstico de hemorroides recibido en el anterior hospital. Tanto los síntomas que ha compartido elocuentemente el joven con nosotros como la morfología del bulto que hemos hallado en el recto no son propios de una trombosis hemorroidal. He notado la presencia alargada e invasiva de algo más grande, probablemente un absceso, que se extiende desde el esfínter hasta la altura del músculo elevador del ano, entre cuatro o cinco centímetros más o menos.

—¿Qué es un «absceso»? ¡No me asuste, doctor!

—Es una acumulación de pus, nada demasiado grave, pero ya le digo que hay que actuar de inmediato, las complicaciones pueden derivar en faenas totalmente preventivas e innecesarias. Me ha dicho el joven que ha bebido una Coca-Cola hace menos de tres horas, en cuanto pasen otras tres, le llevamos al quirófano. —El doctor consultó la hora y asintió hacia tierra de nadie—. Calculo que a media noche podremos empezar con los preparativos para la intervención.

—¿No piensa que es demasiado pronto? Quizás es más sensato esperar y hacerle otra prueba para confirmar que es necesaria una intervención.

—Me ha dicho el joven que lleva así casi cuatro meses, no hay prueba mejor que la validez empírica de un síntoma tan marcado. Creo que lo mejor es intervenir ya.

Doña Aitana soltó la Coca-Cola en la primera superficie estable que encontró y se sentó en la camilla, cruzando brazos y pies. Suspiró y plantó la mirada en el suelo, parpadeando y abriendo los ojos más de lo habitual. El silencio hizo que el doctor y yo intercambiásemos miradas, pero ninguno se atrevió a romper el silencio.

—Sabe usted, doctor... —Se incorporó sutilmente y descargó su descontento mediante paseos entrecortados de un lado a otro de la consulta, nerviosa, alterada.

—Dígame, doña Aitana.

—Al padre de mi hijo le operaron de una hernia inguinal hace cosa de dos años y la operación tuvo complicaciones porque, al parecer, padece una enfermedad llamada Von Willebrand y no se la habían detectado antes. Los orígenes traen consigo numerosos casos de hemofilia, la misma enfermedad que acecha a las familias reales europeas desde hace años, y me da mucho miedo que intervengan en esa zona sin saber si mi hijo la tiene o no —tomó una breve pausa para coger aire y continuó—: corríjame si no estoy en lo correcto.

—A su disposición, doña Aitana.

—En caso de que tuviera la enfermedad afectaría a su capacidad de coagulación, o como se diga eso, ¿verdad? ¿Qué tipo de contratiempos podría generar la enfermedad en caso de que la tuviera?

—En parte sí, pero teniendo en cuenta que tiene veinticinco años de edad y ha vivido más de una batallita, no me alarmaría.

—Ahora que lo dice, doctor, los sangrados por la nariz son muy frecuentes en Tom y muchas veces hemos tenido que hacer guardia en el hospital porque no éramos capaces de frenarlos. ¿Tiene algo que ver? —Apretando los labios hasta desoxigenarlos—. No sé yo, doctor, me da mucho miedo esto. Voy a llamar al padre a ver lo que opina.

—Perfecto, yo de momento les dejo solos para que hagan su llamada y voy preparando todo en caso de que haya que intervenir.

—Gracias, doctor —añadimos mi madre y yo a la vez.

Mi padre, formalmente conocido como don Ernesto, está dotado de un carisma y un sentido del humor que cosen su imagen al recuerdo de cualquier bípedo con condición de humano, sin querer queriendo, más en mujeres que en hombres, como cualquier seductor innato; ellas le buscan para darle afecto y ellos para romperle las piernas, algo habitual en los hombres que hacen historia.

Mantuvo una relación breve pero llena de acontecimientos con doña Aitana, poniendo fin a la misma tras conocer a otra mujer menos agraciada transcurridos los doce meses de comenzar la vida en pareja. Desde entonces, don Ernesto y doña Aitana, galán italiano y musa española, son mejores amigos y forman un tándem perfecto para lidiar con los asuntos referentes a mi persona. Claro está, todo ello gracias a la constante bondad de doña Aitana, quien perdona más que una máquina de hacer cucuruchos.

Actualmente, don Ernesto está casado con doña Natalia, madre de la hija que comparten, la pequeña Olimpia de año y pocos meses. Se parece a mí, bueno…, a la versión superdotada de mí. Yo me quedo a medio camino.

—Tom, vamos a llamar a tu señor padre, veamos en qué anda.

Doña Aitana sacó el teléfono del bolsillo y lo arrimó a sus cuerdas vocales. Las conversaciones con dispositivos móviles era una disciplina que estaba de moda y ella permanecía a lomas de la tendencia, fuera cual fuere la situación, como todo buen artista.

—Siri, llamar a Pesado Padre Tom. —Uno de tantos motes que, aparte de doña Aitana, le había impuesto gran parte del gremio femenino.

—Esto es lo que he encontrado en internet sobre Pesado Padre Tom —respondió el ente artificial que habita en el interior del teléfono.

—Siri, te has equivocado, hay que llamar a Pesado Padre Tom.

—Esto es lo que he encontrado en internet sobre Abogado Pesado Tom.

—Siri, leñe, ¿estás tonta o qué? —Meneando el teléfono sin piedad.

—¡Ey! No hace falta decir palabrotas.

—Ahora sí, ¿no? Jodía por culo.

—¡Ey! No hace falta decir palabrotas.

Doña Aitana desistió y desbloqueó el teléfono manualmente, dispuesta a encontrar el número desgastando su huella dactilar. No tuvo éxito.

—Tom, ¿recuerdas el teléfono de tu santo padre? La maquinita esta de las pelotas no quiere hacerme caso.

Cogí el teléfono y tomé las riendas de la situación.

—No me lo sé de memoria. Déjame intentarlo a mí, seguro que lo estás haciendo mal.

Forcé un sonido parecido al de un ogro fornicando para limpiarme los restos de saliva de la garganta y procedí con el plan.

—Oye, Siri, llamar a Pesado Padre Tom.

—Esto es lo que he encontrado en internet sobre Pesado Padre Tom.

—¿Seguro que has guardado a papá así? Dime otros motes amables y sinceros que puedan coincidir con su número de teléfono en tu agenda, vamos a seguir probando.

—Vale, prueba con El Conde Bombón.

—No te creo, ¿El Conde Bombón? Déjate de bromas, anda, piensa un poco.

—¡Estoy pensando, hijo! Un día me cogió el teléfono y he supuesto que cambiaría su nombre por una autoadulación de las suyas. Conociéndole, tiene todo el sentido del mundo. —Razón no le faltaba, procedimos.

—Llamar a El Conde Bombón.

—No hay ningún número en tu agenda con el nombre El Conde Bombón.

—Joder, está costando más que la Moncloa de Pedro Sánchez. Venga va, tercer intento. Abróchense los cinturones.

—Prueba con No Contestar Nunca.

Solté una carcajada.

—¿En serio? Esto no puede ser verdad. —Pues lo era—. Siri, llamar a No Contestar Nunca.

—He encontrado seiscientas setenta y cuatro referencias con No Contestar Nunca en su agenda telefónica. ¿A cuál desea llamar?

Curioso el volumen de humanos que han sobrepasado el umbral de la paciencia de doña Aitana, más aún sabiendo que esta se ha ganado el estatus de mártir en la sociedad.

—No voy a buscar en todos estos números, me niego, voy a dejar mi teléfono cargando y cuando tenga batería ya le llamo yo, ¿le parece bien a su majestad?

—Me parece bien, Tom, así me das el número cuando lo encuentres y averiguamos qué demonios de nombre lleva grabado en mi agenda.

—Hecho. —Poniendo fin a la odisea con un gesto de afirmación y contundencia.

Salí del cuarto para encontrarme de cara con un mostrador escoltado por dos personas que observaban pasar a la gente con muy pocas ganas de servir. Me siguieron con la mirada unos pasos hasta apoyar los codos sobre la mesa, desenfadado. Pregunté amablemente si tenían un cargador para mi modelo de teléfono y asintieron, pero no hubo movimiento, permanecieron inmóviles. Por su reacción intuí que los pacientes del hospital habían tomado por *hobby* el arte de acercarse a hacer preguntas y quedarse mirando al mostrador como las avestruces desorientadas que ponen después de comer en La 2, pero me pareció tan extraño que insistí una vez más. Mi petición consiguió sobrepasar los tímpanos de ambos amables servidores y aterrizó correctamente en el área del cerebro que razona. Asintieron coreográficamente y el chico sentado a la izquierda desenfundó un cargador del primer cajón, entregándomelo sin malgastar ni un centímetro cúbico de saliva. Di media vuelta con el poco salero que visten los madrileños y caminé hacia el habitáculo, victorioso.

Toqué la puerta haciendo gala de la culebra blanca que me colgaba del brazo y llené de alegría esperanzadora a doña Aitana. Allí seguía ella, buscando el teléfono del patriarca en su agenda, aguardando mi parusía.

Puse a cargar el teléfono y tomé asiento en la camilla.

—Deja de buscar, tienes más de treinta y cinco mil contactos en la agenda, eso es tarea de meses. Espera a que cargue mi dispositivo y conectamos con don Ernesto. —Doña Aitana me echó un pequeño mal de ojo y dejó en paz la maquinita—. De todos modos, mamá, la intervención la aconsejan los médicos en pleno conocimiento de todo orden de factores, ¿qué puede decir don Ernesto que nos ayude a tomar una decisión menos arriesgada?

—La verdad que nada, hijo —riendo—, pero prefiero contárselo. Después de todo es tu padre.

Era obvio, nadie quiere lidiar con esa responsabilidad en solitario, y menos si hay una vaga posibilidad de que ocurra algo indeseado. La opción más lógica era que don Ernesto fuera partícipe de las buenas nuevas y nos diese su expresa aceptación sobre el asunto.

Capítulo tercero
El bache

Mi teléfono volvió a la vida, anunciando seis mensajes de texto, veinticinco llamadas perdidas y dos correos electrónicos de Karen.

Temor.

Era previsible. Si llamas treinta veces a una pareja molesta, hay dos posibilidades: o recibes una llamada por pena a los diez meses, o recibes ciento cincuenta y ocho llamadas con el único objetivo de mandarte a pelar castañas al parque.

Lo mío iba de pelar castañas.

Marqué el número de Karen, lanzándome a la aventura como un soldado de la Airborne anglosajona flotando en paracaídas tras las líneas enemigas, listo para afrontar el calor de la batalla.

Nada.

Probé una segunda vez. Tampoco. Venga, una más.

«Deje su mensaje después de oír la señal».

—¡Mierda! —Doña Aitana me miró, sorprendida.

—Parece que don Ernesto no contesta. Vamos a darle un respiro al teléfono y luego probamos otra vez.

Estaba hambrienta por hacerle la consulta al viejo y no era plan de decirle que mi atención estaba a otro asunto de vital importancia.

Otra regla a tener en cuenta en la gestión telefónica de mujeres con sangre caliente es que si te llaman y no lo coges, estás flipando si piensas que te van a coger a ti.

Aunque vean la llamada entrante delante de sus narices.

Aunque estén poniéndote verde por el WhatsApp y se abra una amable pestañita con tu número de teléfono grabado en rojo chillón dando a entender que, probablemente, quizás, quieras recibir noticias suyas.

Aunque su tono de llamada fuera el sonido de un rinoceronte pariendo un mamut en un campo de lava ardiente.

No lo va a coger, eso nunca. Ni lo pienses.

—Mamá, ya han pasado dos minutos, vamos a ver si don Ernesto se apunta a una batallita de media noche. —Busqué su teléfono en la agenda y apreté el botón de llamada.

Llamada saliente, misión cumplida.

—*Darling!* ¿Qué pasa?

Darling es una insignia en el vocabulario de don Ernesto, su marca de agua. La inserta donde y cuando puede, con arte, sin redundancia.

—Mamá y yo tenemos noticias, *darlings*. —Yo también acostumbro a soltar términos sin venir a cuento, me hace gracia, hay que innovar.

—*Oh dio!* ¿Qué ha pasado?

—No te asustes. Mamá y yo hemos venido al Internacional para hacerme una revisión por el tema de las hemorroides y resulta que no son hemorroides.

—*Oh darling!* Gracias a Dios no son hemorroides, no hay nada más deprimente que las hemorroides. Un hijo mío no puede tener hemorroides, yo sabía que se habían equivocado, ¿*capito*?

Si hay algo que realmente distingue a don Ernesto del resto de los *sapiens* pensantes son el tono y la selección de gestos que acompañan sus aportaciones verbales, convierte comentarios poco ortodoxos en comedia divina: es de los que te insulta y se lo agradeces.

—Ya lo sé, *darling*, estoy de acuerdo. —Respiré hondo—. Pero hay algo más.

—¿Cómo que algo más? Vete a casa ya, *darling*, los médicos siempre encuentran cosas. Cada vez que voy a hacerme una revisión tengo la sensación de que me va a dar un golpe al corazón esa semana. Además, los hospitales huelen mal, date una ducha cuando llegues a casa, ¡tu *smell* tiene que ser terrible!

—¡Escúchame, *cazzo*! Esta vez va en serio, tengo que pasar por el quirófano porque han visto algo extraño y quieren quitarlo. —Bombas fuera.

—¿Quirófano? *Porco dio*, ¿te van a operar? —Un ruido ensordecedor de sillas mordiendo suelo y vasos chocando con vasos alertó a los presentes—. No os mováis, Tom, dile a mamá que ni se le ocurra moverse. ¡Esperadme allí! Voy enseguida.

Los ruidos no cedieron: progresaron. Destacaba el coro avivado de un bar seguido de golpes y esquinazos, propio de unos vinos de más abriendo paso entre las masas.

—Han encontrado un absceso bastante alargado por la pared del recto y quieren saber lo que es.

—*Darling!* La cuenta, por favor —dirigiéndose al primer camarero a la vista de un bar perdido en las entrañas de Madrid—. *Merda,* no encuentro las llaves.

—¿Me oyes? —En vano.

—Aquí están. —Con la mano derecha a medio meter en el bolsillo del pantalón, pulgar colgando.

—Señor Moore, ¿desea que le carguemos el importe a su cuenta? Parece que va con prisa.

—Sí, *darling*, se lo agradezco. Que Dios le bendiga con una gran mujer en su alcoba. —De esos comentarios que solo puede firmar él—. ¿Dónde tiene mi coche?

—Lo tiene delante, señor Moore, ¿lo ve? —Señalando el coche más cercano al bar.

—Estoy viejo, *darling,* no veo nada. ¿Ese de allí? —Apoyando los ochenta y tres kilos de elegancia sobre el hombro del pobre servidor, mirada empequeñecida.

—Eso es el semáforo, señor Moore. Es este de aquí.

—Dándole palmaditas al coche que sentaba sus ruedas a un palmo de la pareja.

—*Oh dio!* Disculpe usted a este viejo, uno va perdiendo sus cualidades. —Por decir algo. La pérdida de facultades se llamaba Malbec y era del 98—. Muchas gracias, Carlos. —Entregando una generosa propina, como siempre.

—Es Juan, señor.

—Eso. Gracias, Juan.

Don Ernesto tenía la manía de enfundar el teléfono en el interior de su americana y olvidarse de las personas que precisan su atención al otro lado de la llamada. Un despiste genuino que agradecíamos e incluso provocábamos debido al número elevado de acontecimientos extraordinarios que pueblan sus quehaceres diarios. Era teatro inmersivo a distancia, apto para la nominación de un Óscar, un Emmy y lo que le echaran encima, especialmente si tienes una leve predilección por las personas transparentes que utilizan la retórica y el sentido del humor para impregnar de sabiduría y felicidad las vidas de otra gente.

Coche en marcha, radio a destajo y el papelito del aparcacoches bailando de un lado a otro por la luna delantera del coche. Notas suaves a lavanda en el ambiente y unas botas de montar a caballo en el asiento del copiloto, cuero rasgado.

—Ven aquí, papelito, ven con el *capo*.

Le otorga un zarpazo con la mano izquierda, pero que se queda corto y devuelve su espalda al acolchado del asiento, en silencio, observando el patrón de movimiento del dichoso papelito para atinarle con mayor precisión en el próximo intento.

El señor Moore saca la zarpa izquierda de nuevo en un gesto veloz y tenaz, pero su mano pierde el norte e impacta con la luna delantera del coche. Intenta retirar la mano de inmediato, pero las uñas del índice y el dedo corazón habían caído en la rendija del aire acondicionado, encajándolas de tal manera que había dolor, mucho dolor. El burgués italosajón fuerza un pequeño desgarro en las yemas de los dedos al sacar la mano sin mucho pensar y pega un chillido de hiena hirviendo que consigue ahuyentar hasta el polvo del mástil.

—*Per il arpa d'Orfeo!* —Con más acento de lo habitual—. Ven aquí, alma putrefacta, nieta del caos. ¡Cómo te atreves a esquivarme!

Revistió sus gafas de leer en un trozo de tela perfumada que encontró en la guantera del coche y las dejó en el asiento trasero, dispuesto a lanzar un último ataque, esta vez haciendo gala de toda la artillería pesada. A diferencia de los anteriores intentos, este iba cargado de ira y rencor.

¿Un papelito de mierda haciéndole frente al eterno señor Moore? Venga ya... ¿Dónde cojones se había visto eso?

Manos, codos e incluso boca sumaron lo que fuere el

episodio más patético y menos atlético de la historia, en un acto que acató la atención de todas las almas ingratas que deambulaban por la ciudad a prontas horas de la madrugada: seres humanos, arácnidos, felinos e incluso criaturas de andamio. Los camareros de la cantina, quienes apuraban el último cigarrillo de la noche junto a la puerta de carga y descarga, pusieron la atención en el interior del coche según notaron el movimiento que se producía en su interior. La rotación de sus cuellos fue tal, tan imprevista y rotunda, que el partir de sus cervicales despertó a los vecinos. El pobre hombre solo quería apartar el *souvenir* que le había dejado el aparcacoches para ampliar el campo de visión, pero algo tan sencillo siempre adquiere cierta complejidad cuando se trata de don Ernesto Moore.

El personal del bar arrancó violentamente dirección al coche. De primeras parecía que su cliente de oro estaba sufriendo un ataque epiléptico, pero a medida que se acercaban al epicentro del ajetreo tenía más pinta de ser un baile clandestino de naturaleza taquicárdica, propio de los síntomas de deshidratación que se viven en un festival de música electrónica.

La partida de rescate estaba conformada por un camarero, un jefe de cocina y dos ayudantes de sala. Independientemente del rango, todos compartían el mismo nivel de desconcierto. Se abalanzaron sobre el coche de don Ernesto en silencio absoluto, observando.

—¡Lo tengo! ¡Lo atrapé!

Este alcanzó el botón de la ventana y lo presionó con fuerza, como si quisiera bajar el cristal un poquito más rápido. Alzó la vista para ubicar la creciente apertura y notó la presencia de cuatro maromos en batería que aguardaban sus movimientos en silencio.

—*Porca miseria! ¿Ma* qué coño hacéis allí parados? Me habéis hecho un susto de pelotas.

—¿Está bien, señor Moore? Hemos visto que hacía movimientos raros dentro del coche y pensábamos que le estaba pasando algo.

Aparte de los cuatro aventuradas que hablaban con el señor Moore, había un total de tres valientes adicionales que contemplaban la situación desde distintos lugares de aquella calle interminable.

—Ha sido el papelito que me ha dejado el aparcacoches, *darling*, no conseguía atraparlo, pero finalmente lo he logrado. Las cosas que son malas caen por el peso del propio. —Con cara de interesante y mano en forma de bandeja.

—Caen por su propio peso, señor.

—Eso quería decir yo, caen por el propio del peso.

Los señores se miraron entre ellos y despidieron al señor Moore haciendo un gesto de parabrisas con la mano derecha, sin mucho entusiasmo.

—Adiós, camareros, ¡adiós!

* * *

Sin palabras. Me he quedado muda al leerte. ¡Qué orgullosa estoy de ti! Sabía desde que eras pequeño que tenías un don para la escritura, lo sabía por tus innumerables notas y cartas que me dejabas debajo de la puerta de mi habitación desde que eras un niño hasta bien entrada la adolescencia, por las excelentes notas en literatura en el cole y por las interminables horas leyendo todo tipo de libros encerrado en tu cuarto. Lo sabía. Pero leerte escuchando tu voz, con ese sentido del humor con el que narras el día en el que te encontraron el tumor, tu ausencia de filtros, tu transparencia y la brillantez con que describes a cada una de tus musarañas, ese talento innato para la escritura del que yo carezco me mata de tristeza pensando que quizás… si lo hubieras terminado, te hubieran dado algún premio como autor, ¡quién sabe!… y nunca lo sabremos. Ahora recuerdo cada una de las palabras que me dijiste en una ocasión.

—Mami, cuando me cure y gane suficiente dinero con mi empresa Polar Marketing para vivir y poder retirarte, me dedicaré a mi verdadera pasión, escribir —me dijo con una amplia sonrisa.

—Claro que sí, hijo, te curarás, me retirarás y recibirás un montón de premios que enmarcarás para que tus hijos se sientan orgullosos del pedazo de padre que tienen.

Te prometí…, puta vida. Contengo la respiración y encuentro otro documento en el ordenador, la fecha es de un mes antes de dejarnos, lo escribiste en el hospital del que nunca saliste…

* * *

A LA ATENCIÓN DE...

Te escribo porque no te conozco. Si te conociera, las teclas de mi ordenador tendrían tanto polvo acumulado que mis frases serían un sinsentido, pero ese no es el caso.

Hoy mis palabras pecan de elocuencia.

Vivo anclado a la posibilidad de conocerte, pero ya no sé si lo haré en lo que me queda de vida. Ojalá estas palabras puedan crear un pedacito de realidad para poder llevarme el boli a la cama pensando que al menos exististe en mi imaginación. Dentro de mí.

Tengo cáncer, pero lo peor de todo, tengo miedo.

Ya no sé si algún día seré capaz de sentir cómo eres y lo que podríamos llegar a ser, pero lo que sí puedo hacer ahora, en este mismo momento, es transmitir cómo no eres, y, por lo tanto, acercarme un poquito más a la idea de lo que serías.

Sé que no eres el amor de mi vida, porque serías mi vida entera. Porque seríamos uno. Porque sería para siempre.

Aless Lequio

* * *

Leo con los ojos humedecidos tu texto y tengo que decirte que esa carta que escribiste al amor de tu vida es probablemente la carta de amor más bonita que he leído en mi vida. Ese amor que nunca existió porque el maldito cáncer te robó el tiempo para encontrarlo. ¿Hay algo más enigmático que un amor para toda la vida sin nombre propio?

Mientras recito en alto cada una de las palabras que has escrito, mi voz se transforma milagrosamente en la tuya y entonces me vuelven a morder por dentro la rabia y el dolor de que en esta maldita vida no tuvieras tiempo de encontrarlo, de ser feliz, casarte y tener cinco hijos como tanto deseabas. Ojalá donde estés dormido sueñes con todo lo que no pudiste vivir. Dime, por favor, para que pueda sentir un instante de paz, si por lo menos en tus ensoñaciones apareció ese amor y que duerme junto a ti en la eternidad.

Antes de apagar tu ordenador encuentro otro documento, esta vez me tiembla tanto la mano que no soy capaz de pulsar la tecla, intento serenarme respirando profundamente y cierro los ojos. Al abrirlos el texto inunda de manera inexplicable toda la pantalla sin haber tocado nada, puedo leer la fecha, marzo de 2020, unos meses antes de tu partida. ¿Es una señal para que lo comparta en tu libro? A veces pienso que escribo guiada por ti...

* * *

Empatía: la magia de existir

Por Aless Lequio

La tristeza es un sentimiento que reproducimos muy a menudo en nuestras vidas, un sentimiento que, lógicamente, está pautado por nuestra manera de entender lo que pasa alrededor, los filtros que le ponemos a la vida. Cada uno tiene filtros diferentes dependiendo de su cuadro de valores, pero nadie tiene un número de filtros ilimitados, la tristeza que producimos cuando hay cierta inestabilidad en nuestras vidas está limitada por nuestra imaginación, igual que todo.

Si piensas en las últimas tres veces que has estado triste, recordarás el mismo sabor amargo, menos o más fuerte, pero el mismo e idéntico sabor amargo, reconocible. Por eso odiamos estar tristes, porque recordamos lo que es estarlo de anteriores veces y no queremos «volver» a reproducir esa sensación.

Lo que es alucinante y mágico es que los sentimientos humanos tienen otro sabor distinto, mucho más demoledor o alegre o salvaje, cuando los absorbemos de otra persona, desde fuera hacia dentro en vez de desde dentro hacia fuera, cuando conectamos.

Una energía que nos hace especiales, seres formidables.

Una energía diferente.

La magia de la que hablo no es triste, es todo lo contrario, es esperanzadora. Hay algo abstracto que perfuma lo tangible, que existe en todo lo que nos rodea, y que solo somos capaces de percibir cuando cuerpo y alma asumen el último acto de una maravillosa superproducción que llamamos vida. Algo que va más allá de cualquier sensación que nace y muere en nuestro interior. Son sensaciones que absorbes, te poseen y llenan de energía, de vida, te preparan para una transición. Eso es, la muerte no es más que una transición. Podría compararse a la preparación del cuerpo humano que precede un parto. Seguramente también haya un componente mental que desconocemos en los partos, ya que es complicado dialogar con un recién nacido, pero hay algo que transciende, hay algo más.

Hablo de sensaciones inquietantemente tranquilizadoras y lúcidas, sensaciones que te dejan inmóvil, y si quieres, te lanzan fuera del cuerpo, y cuando me refiero a «fuera» del cuerpo, me refiero a que sales del cuerpo literalmente y dejas de ver, simplemente percibes sin saber muy bien cómo ni por qué, pero percibes algo, algo superior.

Todavía quedaba la última batalla, la batalla de mi vida, pero creo que el cuerpo es sabio y te prepara para todo, incluso la muerte.

Es lo más extraño que he sentido en mi vida.

Es amor ciego, incondicional, sin prejuicios, amor puro, universal.

El cielo deja de ser azul y empieza a ser cielo.

El césped deja de ser verde y empieza a ser césped.

Una vela encendida deja de ser vainilla y empieza a ser vela.

Los sentidos dejan de cobrar protagonismo y empiezas a percibir las cosas a través de su energía, absorbiéndola, compartiéndola, disfrutándola.

Un fenómeno que da miedo, porque todo lo desconocido da miedo, pero no deja de reconfirmar una verdad universal que muchos desconocemos.

La magia existe.

Los magos somos nosotros.

Todo lo que nos rodea es magia.

* * *

Termino de leerlo y dejo que las lágrimas corran sin piedad por mi rostro, abundantemente, como si el alma se licuara sin freno. Te estabas preparando para la muerte, y yo no lo sabía, perdóname.

Si la magia existe, despiértame de esta pesadilla que se alarga ya demasiado. Mañana por la mañana abre la puerta de mi dormitorio y dime como siempre:

—Buenos días, mamá.

Si la magia existe, devuélveme la vida, hijo mío.

6
«Estás curado»

Todo lo que se hace en esta vida con amor tiene eco en la eternidad.
Aless Lequio

El otoño empieza a languidecer, como mi alma. Aquella mañana una bandada de golondrinas en forma de V trinó en el cielo anticipando tu partida, papá.

Lo sabía.

Dos semanas agonizando, dos semanas luchando por vivir, aferrándote a esta vida para seguir a mi lado acompañándome en mi duelo, lo sé. Y, sin embargo, fui una cobarde, no podía soportar otro adiós para siempre. Me cansé de negociar con la muerte. Por eso, esa tarde pedí a mis hermanos quedarme un momento a solas con él para despedirme. Me tumbé a su lado en la cama y le cogí con ternura de la mano. Estaba profundamente dormido, su respiración era lenta con intervalos cada vez más largos, de su cara emanaba una inmensa paz. Intenté hablarle, aunque mi voz no quería salir, se quedaba atrapada en mi garganta.

—Papá, escúchame. ¿Te acuerdas del sueño que me contaste este verano en Mallorca? Soñaste que estabas en un paraíso con prados verdes repletos de flores de colores indescriptibles y que habías construido una casa encima de las nubes a la que íbamos llegando toda la familia poco a poco. Me dijiste que mamá te esperaba tan joven y bella como el día que os conocisteis, y que también estaba Aless riendo feliz mientras jugaba al baloncesto con sus pantalones de deporte y su inseparable gorra hacia atrás. Te sentías rebosante de salud y juventud sin tu silla de ruedas y podías nadar a braza velozmente entre las nubes. ¿Te acuerdas, papá, del sueño? ¿Recuerdas que fuiste campeón de España de braza? —repetí acariciándole la mano con cariño—. Pues ahora tienes que reunirte con ellos, papá…, es la hora…Tienes que nadar entre las nubes con esa pasión tan tuya y encontrarlos. ¡Qué envidia te tengo! Podrás abrazar a mi Aless, hazlo con todo el amor que yo no puedo darle. Dile que estoy bien, miéntele para que no se preocupe por mí. No se te olvide decirle que nuestro pacto secreto está en camino… Que es el amor de mi vida… Ojalá fuera yo, papá. Te quiero muchísimo.

Noté una leve sonrisa en su cara. El doctor me dijo que eso era imposible porque su sedación era ya profunda, pero yo sé que su alma me escuchó. Le besé en la frente y salí de puntillas de la habitación para que no me sintiera llorar. Dos minutos más tarde mi padre dejó de respirar, y nadó entre las nubes buscando al amor de su vida y a mi hijo en el cielo. Y yo me desplomé en la alfombra del salón de la casa de mis padres, la casa que me había visto nacer, crecer, llorar, amar... La casa que nunca podría volver a pisar sin mis padres en ella. Me había quedado huérfana de padres y de mi único hijo en dos años. Y esa realidad os juro que no sé cómo la voy a soportar.

Las tres personas que más quiero en el mundo me han dejado abandonada en la tierra, y por primera vez desde tu partida siento miedo, miedo de volver a amar, porque cada vez que lo hago Dios o el universo se encargan de separarlos de mí para siempre.

Sé que mi padre se reencontró con ellos nada más dejar este plano y que los tres se fundieron en un abrazo eterno. Necesito egoístamente pensar eso para continuar aquí. También sé que Aless recibió con inmenso júbilo a su abuelo al que admiraba y quería profundamente. No debería haber sido así.

Jamás un nieto debería morir antes que sus abuelos, y mucho menos que sus padres. Jamás.

Mi padre y mi madre me demostraron que el amor de pareja existe. Se amaron sesenta y nueve años en la tierra y ahora lo harán para siempre en el cielo.

Necesito buscar un sitio donde alojar mi alma antes de que se convierta en escarcha, porque mi corazón hace dos años ya, Aless, que emigró con el tuyo. Eras el espejo donde siempre me miraba para verme, por eso cuando me sitúo frente al espejo no veo nada, me he convertido en la nada más absoluta. Soy un vacío infinito de dolor atrapado en un cuerpo de mujer.

¿A quién cuidaré ahora que ya no están conmigo las tres personas que más quiero? ¿Cómo he podido estar de pie en sus tres entierros, funerales y despedidas? ¿Cuánto dolor puede soportar un ser humano? Tengo que afrontar tres duelos y me siento culpable, porque aún no entré ni siquiera en el de mi madre. Perdóname, papá. Perdóname, mamá... No puedo.

En unas semanas empiezo a grabar los programas de Navidad de televisión, y he aceptado otra vez retransmitir las campanadas en RTVE desde la Puerta del Sol. ¡Qué cruel contradicción! Estaré felicitando las Navidades a todos los españoles, las Navidades más tristes. Sé que lo haré porque tú me diste esa lección de vida, Aless. No hay nada difícil después de verte luchar por vivir con ese coraje, lo haré por ti con el alma mutilada, te juro que lo haré, aunque tenga que llorar todas las noches para que cuando oiga la palabra «¡acción!», ya no me queden lágrimas.

Como aquellas lágrimas de felicidad que los dos intentamos ocultar el día que finalizaste tus treinta y cinco sesiones de radioterapia en Nueva Jersey.

En Estados Unidos existe una maravillosa tradición cuando un paciente finaliza su tratamiento de cáncer. Se trata de una ceremonia que empezó en 1996, cuando un almirante de la United States Navy que padecía cáncer al acabar su tratamiento llevó una campana de bronce al hospital donde estuvo ingresado. Allí la tocó tres veces y dijo: «Misión cumplida», que es una tradición de la Marina al finalizar un trabajo. Desde ese día en todos los hospitales de oncología de Estados Unidos hay una campana colgada en la pared en su memoria, y al finalizar el tratamiento los pacientes la tocan tres veces como aquel almirante de la Armada americana. En la base de la campana hay una inscripción que reza:

Ring this bell   Toca esta campana
Three times well.   tres veces fuerte.
This course is run.   Misión cumplida.
My treatment is done.   Mi tratamiento ha acabado,
And I am on my way.   y estoy en mi camino.

Ese día era tu última sesión de radioterapia que combinabas con la primera línea de quimios agresivas. Habías soportado y aguantado dolores terribles, inhumanos, con la misma sonrisa de los meses anteriores, encerrado durante largas horas en tu cuarto escribiendo tu maravilloso libro.

En la inmensa sala de espera del hospital, se encontraban los familiares y pacientes que daban por finalizado su tratamiento tocando la campana colgada de la pared. Todas las mesas de la sala estaban repletas de comida y bebida para la celebración. Algunos decían adiós al cáncer para siempre; a otros, como mi hijo, aún les quedaba un largo camino por recorrer.

Recuerdo un niño de siete años yugoslavo que padecía un tumor cerebral. Aless jugaba con él al escondite durante las largas horas de espera, correteaban y reían por los pasillos saltando sobre los sofás. Nadie les llamó nunca la atención. La verdad es que los sanitarios del hospital le agradecían su continua labor ayudando al resto de pacientes.

Un día la madre del niño se acercó, me abrazó y me dijo con una voz extremadamente dulce:

—Desde que tu hijo bromea y juega con mi niño ya no llora cuando le toca venir al hospital. Ahora me pide cada mañana salir corriendo de casa para su tratamiento. Gracias de corazón a tu hijo, bendito sea.

Así era mi chico de las musarañas, siempre animando con su extraordinario sentido del humor a todos los enfermos, fueran niños o ancianos en silla de ruedas con el oxígeno colgando.

Ese día los pacientes iban desfilando por la sala de espera tocando la campana, la tocaban tres veces, con fuerza y gratitud. Le llegó el turno a mi hijo, desde la sala vi cómo salía de su última sesión de radioterapia. Se acabó una parte del martirio. Vestía su amado pantalón de chándal gris y una sudadera roja con capucha. Estaba muerto de vergüenza ante tanta expectación. En ese momento no pudo evitarlo y observé cómo se sonrojaba. Salió a flote esa timidez tan suya, jamás quiso ser el protagonista ni el centro de atención de nada, y, aun así, desfiló con la música de *Rocky* de fondo mientras los oncólogos y enfermeras aplaudían en fila dejando un espacio para dejarle pasar.

Estabas radiante, con tu preciosa cabeza sin pelo, el perfil griego que heredaste de tu padre, los ojos vidriosos y esa sonrisa que iluminaba la sala llena de una treintena de extraños de todos los países que aplaudían a un chico español. Ellos compartían tu batalla, los dolores, las noches sin poder dormir y el miedo, y, a pesar de todo, tocaste la campana tres veces, sonriendo con entereza y pasión, hechizando a todos con tu luz.

Levantaste la mirada hacia los presentes y pronunciaste en cada golpe de campana estas palabras en tu perfecto inglés:

—La primera es para animar y llenar de esperanza a los valientes enfermos de cáncer. La segunda como agradecimiento a mi familia, amigos, a mi padre y, sobre todo, a mi madre, que me acompaña con amor animando cada segundo de mi lucha. La tercera para dar las gracias a los médicos y enfermeras que con compasión y paciencia velan y cuidan de mí.

Todos aplaudieron emocionados y yo sentí un orgullo infinito intentando ocultar algunas lágrimas de felicidad porque veía que tu curación estaba cada vez más cerca.

Dejamos atrás Nueva Jersey para regresar a Nueva York a finalizar el tratamiento. Esta vez con las maletas repletas de morfina y una gran dosis de esperanza. Nos tocaba mudarnos a otro apartamento, y ya iban cinco en seis meses. Seis largos meses lejos de casa, pero siempre con tus mantras que repetíamos como una oración cada noche.

—*Fuck* cáncer.

—Un día más, un día menos.

Entonces llegó el momento esperado. Visitábamos otra vez a tu oncólogo en el MSK Cancer Center de Manhattan. Ya no sentía ese agobiante calor del verano neoyorquino, por lo que intuí que habíamos entrado en el otoño sin darnos cuenta. Ante mi asombro esta vez el doctor no estaba solo, sino que le acompañaban otros cinco oncólogos que no habíamos visto nunca. No debía ser nada bueno. El doctor W. Tab nos miró por encima de sus gafas.

—Aless, estos compañeros han venido para estudiar tu caso, en el último PET después de la radioterapia el tumor se ha reducido más de un noventa y nueve por ciento, de once centímetros a unos milímetros. Es un caso extraordinario en el sarcoma de Ewing.

—Pues encantado de contribuir a la ciencia y de conocerlos, pero ¿cuál es el paso siguiente? —preguntó mientras saludaba a los presentes.

—Te quedan otros tres meses de quimios, pero si quieres ya puedes hacerlas en España.

A Aless se le iluminó la cara.

—¿De verdad, doctor, que ya puedo regresar a casa?

—Claro que sí, la protonterapia solamente la podías hacer aquí en Estados Unidos, pero yo te pondré en contacto con un oncólogo en España y estaré continuamente en contacto con él y contigo.

—Muchas gracias, doctor, pero ¿eso quiere decir que me voy a curar? ¿De verdad?

Se quedó un largo rato pensativo antes de proseguir, me imagino que escuchando la voz de alguna de sus musarañas. En este caso creo que habló su musaraña Sophia, la empírica, la que le tocaba los cojones y de paso los míos, aunque no tenga.

—Entonces, ¿qué probabilidades tengo de vivir ahora? —preguntó con voz firme.

Cada vez que mi hijo hacía esas preguntas se me congelaba el corazón, pero su oncólogo ya estaba acostumbrado, siempre esperaba esas cuestiones de Aless, que realizaba con una madurez impropia para un chico tan joven. Yo permanecí callada y de pie, expectante.

—Aless, te vas a curar —afirmó contundente—. Y quiero decirte que has sido muy buen paciente. Todos en este hospital, enfermeras, oncólogos, te estamos agradecidos por tu actitud, educación, sentido del humor y cariño.

—Gracias, doctor, por todo. —Y luego añadió en español—: Eres el puto amo.

Gracias a Dios, no entendieron.

Así eras tú, transparente, sin filtros, imprevisible.

En ese momento tuve que sentarme, pero mi miopía hizo que calculara mal dónde estaba la silla y me caí de culo a cámara lenta al suelo, con el vestido cubriendo mi cabeza y la ropa interior al aire ante las carcajadas de Aless y la sonrisa que intentaban evitar todos los doctores allí presentes.

Después de los abrazos y despedidas salimos de ese hospital saltando y brincando por la Quinta Avenida. Aless no paraba de decir:

—¡¡¡A casa!!! ¡A España! ¡Mamáááá! ¡Regresamos a casa!

No os podéis imaginar la felicidad que me embargaba al ver a mi hijo ilusionado con volver a casa. Era consciente de que aún quedaban tres meses más de quimios, pero esa noche, después de la última sesión de tratamiento, me dijo entre náusea y náusea:

—Mamá, este es el principio del fin de este viaje por el catarro oncológico —sonrió y se tumbó feliz en su cama, mientras, dando saltos de alegría, me dispuse a hacer por última vez las maletas.

Me recosté en la cama sintiendo algo de paz desde ese puto 23 de marzo. Hacía siete largos meses en que me dijeron en España que Aless tenía un tipo de cáncer incurable.

Miré por la ventana de mi dormitorio para despedirme de los rascacielos y agradecer a las incesantes alarmas sus conciertos que deleitaban mis oídos a todas horas. No habían pasado ni cinco minutos cuando escuché un grito de Aless llamándome.

Estaba tumbado con las sábanas repletas de sangre, tenía una hemorragia de la que ya me habían advertido los doctores por la bajada de plaquetas como efecto secundario de la quimio. De la nariz salía un chorro imparable de sangre.

—No es nada, mami, otra batallita más antes de regresar a casa —dijo como siempre para tranquilizarme, cada vez más pálido.

—Ya sé que no es nada, mi vida. Tenemos cinco litros de sangre y te deben de quedar como cuatro, pero nos vamos de paseo a urgencias mejor —contesté con una falsa calma.

Le senté en la cama y con una gasa taponé la nariz para frenar la hemorragia. No hubo manera.

Un año atrás con solo ver una gota de sangre me hubiera desmayado, y, sin embargo, le ayudé a vestirse porque cada vez estaba más mareado, y así poder salir pitando hacia el hospital. Entonces me di cuenta de que había teñido de rojo la alfombra del dormitorio como en las pelis después de cometer un crimen, y para no perder tiempo vistiéndome decidí salir a la calle para buscar un taxi con el pijama y un abrigo encima.

Eran las doce de la noche de un mes de octubre, nos encontrábamos en la Tercera Avenida esperando un taxi, tú estabas cada vez más pálido con una toalla cubierta de sangre envuelta en tu cara, y ese momento, con mi pijama y el abrigo encima, recordé la cantidad de veces, años atrás, cuando te iba a recoger vestida de esa forma a las discotecas *light* porque aún no tenías el carné de conducir. Salías de aquellos sitios siempre feliz, enamorado de alguna chica, con esas ganas de comerte el mundo... Qué mierda de vida. De nuevo el destino quería añadir un poquito más de dificultad, algo que no consiguió por la entereza que me contagiabas continuamente.

En urgencias nos confirmaron la falta absoluta de plaquetas y te tuvieron que hacer la transfusión en una camilla situada en el pasillo porque no quedaban habitaciones libres. Una vez parada la hemorragia, me guiñaste un ojo.

—Mamá, nos piramos ya, no quiero estar en un hospital ni un segundo más —soltaste arrancándote la vía.

—No pueden irse todavía, hay que esperar a mañana —comentó el doctor muy angustiado.

—Lo siento, doctor, usted es muy grande, pero mañana tenemos un vuelo. Regreso a casa. ¿Entiende? Casa, amigos, chicas, padre, abuelos, primos, tíos, mi perrita Luna, España... —dijo Aless sonriendo—. Me doy el alta voluntaria y gracias por todo, es usted un *crack* —concluyó levantándose de la cama despacio, con un montón de gasas aún taponando la nariz y dando una palmadita al doctor, que no pudo evitar una sonrisa.

Por su cara creo que entendió todo, conocía el caso de Aless, que sus siete meses de lucha eran ya suficientes y que con las plaquetas ya estabilizadas y la hemorragia controlada podía irse a casa. A fin de cuentas, estábamos tirados en un pasillo del hospital, eran las cuatro de la madrugada y poco quedaba para que amaneciera.

* * *

Por la ventanilla del avión vi cómo la Estatua de la Libertad nos decía adiós con la mano levantada. Era consciente de que habías reinventado la teoría de la relatividad, con permiso de Einstein, modificando el espacio-tiempo y transformando cada mes fuera de casa en mil años, por lo que para nosotros habían pasado siete mil años desde que dejamos España, y que, por tanto, habías vivido más de treinta y un mil millones de segundos cargados de miedo, dolor, coraje y esperanza. Yo fui solamente la que te acompañó en esa aventura americana sujetándote la mano con ese amor sin fin que sentimos las madres. Indudablemente, el cáncer había cambiado nuestras vidas. Hasta nuestra querida España no era la misma.

Nos enteramos en el avión leyendo el periódico que Rajoy ya no era el presidente del Gobierno, que ahora era Sánchez. Porque así es el viaje del cáncer, te abstrae de todo lo que pasa en el mundo a tu alrededor.

—Mami, volvemos a casa, nuestra aventura americana ha terminado —dijo mientras miraba por la ventanilla con los ojos que parecían centellear. Me cogió de la mano con cariño y a pesar de huir siempre de sentimentalismos, añadió—: Gracias, por todo, mamá. Por tanto. Por primera vez creo que voy a vivir.

—Nunca me des las gracias por nada, eres el amor de mi vida. Siempre he sabido que te ibas a curar, te lo prometí aquel día en Madrid hace siete meses, y ahora te lo vuelvo a prometer aquí arriba entre las nubes. Vas a vivir, hijo mío, te lo juro.

Puta promesa, puto juramento.

Esa era la primera lección de ser madre, nunca prometas a tu hijo algo que no puedas cumplir.

Perdóname, Aless, no pude salvarte.

La azafata anunció por el altavoz nuestra llegada en pocos minutos. No os podéis imaginar lo que sentimos al aproximarnos a Madrid, lo que significaba volver a casa, a España, con los nuestros, aunque Aless volviera con el cáncer a cuestas, el final de la pesadilla estaba próximo.

Nada más bajarse del avión, Aless se inclinó y de rodillas besó el suelo. Todos los que estaban a nuestro alrededor nos miraron flipando.

—Hijo, que te vas a pillar una infección —solté en modo madre.

—¡Qué más da! Una infección más o menos... Estamos en casa, y no veía la hora de besar el suelo español —contestó sonriendo.

Al aeropuerto vino a buscarnos un conductor que había trabajado para mí muchos años. Tuvimos que hacer juegos malabares para esquivar a los *paparazzi*. Jamás entenderé cómo siempre saben todos nuestros movimientos.

Según nos acercábamos a casa pude escuchar el corazón de Aless latir fuertemente, pero ninguno pronunció ni una sola palabra. Una vez más sentí que no hay que romper el silencio si no es para mejorarlo. Llamamos a la puerta y ¡¡¡sorpresa!!! La casa estaba abarrotada de sus amigos, primos y tíos. Habían inundado el salón de globos azul cielo, su color favorito, y varias pancartas gigantes que rezaban: «BIENVENIDO A CASA, ALESS».

Luna le recibió con un abrazo perruno mientras agitaba su cola a toda velocidad, fue tal la potencia de su amor que cayeron los dos al suelo rodando. Tengo guardado ese momento en algún lugar de lo que queda de mi corazón. Su padre llegó unos segundos después y se abrazaron por unos minutos que parecieron interminables. He de reconocer que no pude evitar la emoción, ni las risas y las lágrimas como todos los que estábamos allí, todos los que queríamos y adorábamos a Aless.

Ese día, aunque estábamos sin dormir, dejé a mi hijo con sus amigos celebrando su regreso y fui a visitar a mis padres. Su imagen me enterneció muchísimo, estaban viendo la televisión sentados en el sofá del salón, cogidos como siempre de la mano. Me conmovió ver los ojos humedecidos de mi madre cuando llegué corriendo a abrazarla.

—Todo está bien, padres. Aless se va a curar, os he echado muchísimo de menos, os quiero —no paraba de decirles entre abrazo y abrazo.

Claro que había echado de menos a mi madre, cuánto hubiera necesitado tenerla cerca. No hay nada como el hombro de tu madre para llorar todas las lágrimas que escondes a los demás.

Esa noche, gracias al universo, no hubo ningún susto, ninguna urgencia y creo que por primera vez en mucho tiempo dormí siete horas seguidas en casa, en mi cama y con mi hijo en la habitación de al lado. Recuerdo que abrí la puerta de su dormitorio y vi su brillante cabeza pelona asomar entre las sábanas, dormía en paz y sin dolor gracias a la morfina. Tenía una sonrisa dibujada en su boca, y eso para una madre es la mayor felicidad.

Los siguientes tres meses tuvimos que viajar semanalmente a Barcelona donde estaba el oncólogo recomendado por nuestro doctor americano, especialista en sarcoma de Ewing. Todo era más fácil aquí arropados por los nuestros y el cariño de toda España. Aless compaginaba la quimio con su trabajo incansable en su empresa de marketing digital. Empezó a salir con sus amigos cuando los efectos secundarios de la quimio se lo permitían. Conoció a alguna chica, pero él siempre tuvo claro que lo más importante eran sus amigos.

—Mamá, las parejas tienen fecha de caducidad, como los yogures, pero los amigos son para siempre.

Mi vida, me imagino que durante esos meses tus ganas de vivir enmascaraban el miedo que se siente cuando tienes cáncer, el miedo a lo imprevisible de esa enfermedad, ese miedo aterrador que yo también sentía y que nos ocultábamos constantemente. Los dos sabíamos que la hora de la verdad llegaría cuando te hicieran la prueba definitiva al finalizar el tratamiento el 29 de diciembre de ese maldito año 2018, cuando el PET-TAC dijera que no quedaba ni una puñetera célula tumoral en tu cuerpo.

Fueron unas Navidades entrañables e inolvidables con toda la familia. En Nochebuena te pusiste el gorro de Papá Noel en casa de tus abuelos y no te lo quitaste ni en tu última quimio. Aún puedo verte tumbado en la cama del hospital de Barcelona y la bolsa de ese veneno-curación entrando por el Port-a-Cath. Cuando quedaban diez segundos para finalizar, me miraste con los ojos cada vez más grandes, cada vez más pálido, y susurraste:

—Mamá, cuenta conmigo: diez… nueve… ocho… siete… seis… cinco… cuatro… tres… dos… uno… cero.

Recitamos juntos, con fuerza y pasión. Cada número era un bálsamo para su sufrimiento, era el premio a su larga y cruel batalla. Era la salida del infierno hacia el paraíso, de las tinieblas al mayor rayo de sol imaginable.

—¡¡Se acabóóó!! —gritamos al unísono.

Algunas enfermeras que adoraban a mi hijo entraron en la habitación al escuchar el griterío y, a falta de campana, aplaudieron. Yo no pude resistirme y abracé a mi hijo con el máximo orgullo y amor.

—Mamá, no exageres y no te aproveches —dijiste riendo.

Pero yo estaba feliz por ti, nueve largos meses de

quimios, radioterapia y hospitales rodeados de doctores y batas blancas y verdes se habían acabado.

De repente dejaste de sonreír y te volviste a ausentar del mundo visitando tu hogar de las musarañas. En realidad, todos tenemos esas voces internas, pero tú les pusiste nombre dotándolas a cada una de una personalidad única. Imagino que en ese momento habló la musaraña Muria, la pesimista:

—Mamá, no cantemos victoria todavía, mañana lo sabremos cuando me hagan las pruebas.

Al día siguiente se enfrentaba al PET-TAC que decidiría si se había curado y, por lo tanto, iba a vivir o esa primera línea de quimio no había funcionado, con lo que las posibilidades de vivir se reducían al mínimo o nada.

Esa misma tarde el oncólogo nos citó en el hospital con el resultado. De nuevo teníamos que prepararnos para escuchar la sentencia: vida o muerte.

Ahora te lo puedo decir, mi vida, mientras nos dirigíamos a la consulta del doctor me embargaba un miedo aterrador, iba acojonada, mis pies pesaban toneladas y las manos me temblaban, pero, como soy actriz, tú solamente verías a tu madre andar decidida, tranquila y con la mayor de las sonrisas dibujada en mi cara. Tú en cambio caminabas en silencio, con paso lento y la mirada perdida en el infinito, como queriendo alargar la duda el máximo tiempo posible, esa duda que algunos llaman esperanza.

El doctor nos esperaba sentado detrás de la mesa de su despacho con un montón de informes médicos sobre la mesa. Su cara era inexpresiva casi siempre, pero ese día esbozaba una leve sonrisa. Después de saludarnos de una forma amable pero con una lentitud exasperante, nos indicó que nos sentáramos. Llegado ese momento mi corazón ya se salía por la boca. Quería gritarle: «¡Diga algo ya, doctor, de una puñetera vez! ¡No ve la cara de mi hijo!».

—Tengo muy buenas noticias —pronunció por fin.

Miré a Aless, había enmudecido y permanecía con los ojos abiertos al máximo, conteniendo la respiración.

—Aless, estás limpio, no queda ni una sola célula maligna en tu cuerpo… ¡Te has curado!

Largo silencio.

Al escucharle los dos tuvimos la misma reacción: cerramos los ojos intentando asimilar sus palabras. Estoy segura de que tú sentiste lo mismo, mi vida, porque en ese instante pasábamos de la más absoluta oscuridad a una luz intensa y brillante que nos cegaba, una luz llamada vida. En ese momento volvimos a vivir los dos.

Aless abrió los ojos de par en par, chispeaban de alegría.

—Perdone, doctor, puede repetir lo que acaba de decir —suplicó.

—Claro que sí, Aless, estás curado, tendrás que hacer el primer año revisiones cada tres meses y luego cada seis durante cinco años, pero ¡estás curado! Ya no tienes cáncer.

—¡Dios mío! ¡Joder! Gracias… Gracias… Perdón por lo de joder. ¡¡Madre mía!! Gracias, ¡¡joder!! —explotó.

Entonces se levantó de la silla, sus casi dos metros de estatura me cogieron en brazos alzándome por el aire como si fuera una muñeca de trapo. Mientras me abrazaba, lloré sin importarme que viera mis lágrimas de felicidad, por algo le había ocultado durante nueve meses las de dolor. Sin embargo, tú no derramaste ninguna. Estoy convencida de que lo harías luego en la soledad de tu habitación.

—Se acabó, mamá, ¡¡voy a vivir!! Adiós, puto cáncer. *FUCK YOU!!!* —gritaste de alegría.

Me uní a tus palabras chillando en plan manifestación mientras me bajabas al suelo, sin importarnos nada el alboroto ni lo que pensaran el doctor y mucho menos los pacientes que aguardaban en la sala de espera.

Tengo tatuado ese instante. Y quiero que sepas allá donde estés que solamente hay dos momentos de verdadera felicidad en mi vida: el 23 de junio de 1992, cuando naciste, y el 29 de diciembre de 2018, el día en que volviste a nacer. Cómo me gustaría que este libro acabara aquí y compartir con vosotros un final feliz, que mañana me despertara y los últimos años hubieran sido una horrible pesadilla.

Ojalá que leyendo mis palabras seáis más conscientes de que existe la muerte y que eso nos debería impulsar a vivir plenamente, el aquí y ahora, cada momento con las personas que queremos. No dejéis nada para después, el después no existe, no te lo puede garantizar nadie. Entender la muerte es entender la vida. Tú me enseñaste que nacer es comenzar a morir, y que al final de nuestras vidas todos somos culpables de todo lo bueno que no hicimos. Y tú, en tu corta vida, hiciste tantas cosas buenas, dejaste una huella de inspiración en muchos enfermos de cáncer que aún me lo recuerdan cuando visito los sábados las plantas de oncología de hospitales.

Me pediste despedir ese año en Mallorca con tus amigos de siempre, los del colegio y los que vendrían de todas partes del mundo que fueron tus compañeros de universidad en América.

—Mamá, ¿puedo ir a El Manantial a despedir este maldito año? En verano estábamos de quimios en Nueva York y echo mucho de menos la casa. Voy a contratar un *catering*, DJ, fuegos artificiales, y a celebrar esta vida con todos mis *bro* y algunas chicas.

—Por supuesto, puedes hasta quemarla si te apetece, es broma, te mereces todo, hijo. Invita a los que quieras, dormid donde podáis, y no tengáis ninguna prisa por volver.

Fue la última Nochevieja que celebraste, porque la siguiente ya habías recaído y estábamos en el hospital.

Recuerdo los siguientes nueve meses flotando en una desconocida y auténtica felicidad. Me sentía más alocadamente feliz que nunca. Descubrí que hasta en la felicidad hay infinitos niveles y acababa de alcanzar el máximo. Esos nueve meses que el universo te regaló de vida fueron los más felices de mi existencia y agradecí cada día tu curación. ¿Qué madre no descubre por primera vez la felicidad sabiendo que su hijo se ha curado del cáncer?

Hasta el momento en que te diagnosticaron cáncer tenía un lema: «La felicidad es ese instante entre una putadita y la siguiente». Ahora sé que ese instante de felicidad jamás volverá a mi vida, pero no me importa en absoluto porque fui intensamente feliz cuando vivías, aunque mi vida ahora se haya convertido en una inmensa e interminable putada.

El año 2019 empezaba de una forma extraordinaria. Aless volvía a sorprenderme con su incansable trabajo en su empresa de marketing digital, Polar Marketing. Por el éxito como emprendedor que alcanzó y por sus intensas iniciativas solidarias.

—Mamá, he creado en Instagram una cuenta, El portal de la esperanza, donde narro mi historia y pido a otros valientes que me cuenten su lucha contra el cáncer, y así poder animarlos.

Los findes salía con sus amigos y alguna novieta, pero Aless siempre quiso mantener de una forma privada sus historias de amor y nunca traicionaré su voluntad.

En cuanto a mí, algo se había transformado en mi interior, quedaba poco o casi nada de Ana Obregón y me costaba aceptar los trabajos que me ofrecían en televisión. Preferí una obra de teatro, el templo de los actores, y con tu ejemplo dedicar mi tiempo a ayudar a los demás visitando plantas oncológicas de hospitales, animando a madres e hijos. Tu lección de vida despertó en mí la empatía y solidaridad a niveles elevados.

Llegó la primavera como un beso cada mañana al alba. Aprecié como nunca el olor de las primeras rosas blancas del jardín, el verde de las hojas que empezaban a brotar en los árboles, el trino de los pájaros al amanecer, tus buenos días entrando en mi habitación cada vez con más pelo, tu sonrisa abierta, la ausencia de dolor y de miedo. Habíamos vuelto a nacer, y todo era nuevo y estaba por descubrir. La vida era maravillosa. Sonaba en nuestros corazones como los acordes magistrales de Chopin en el *Preludio de opus 28 en e mayor*, uno de mis favoritos. A primeros de marzo me recordaste:

—Mamá, toca pasar la ITV.

De ese modo llamabas a las pruebas para saber si seguías limpio o había vuelto la enfermedad. Y me diste el mejor regalo de cumpleaños, porque seguías sano.

Cada 18 de marzo celebrábamos juntos mi cumpleaños. Desde muy pequeño te encantaba soplar las velas de mi tarta, cantarme *Cumpleaños feliz* y sorprenderme con un regalo y una poesía. ¿Sabes que tengo guardado todo? Si cierro los ojos, puedo revivir cómo fue tu primer regalo cuando tenías tres años. Ese día te recogí en el cole, desgraciadamente no podía ir siempre porque estaba trabajando, y no sabes la cantidad de veces que en el plató de televisión miraba el reloj, y al ver que eran las cuatro de la tarde, me imaginaba a todas las mamás recogiendo a sus hijos y me odiaba por no estar allí. Pero ese día observé cómo salíais todos los de tu curso en tropel, tu cabecita llena de rizos dorados sobresalía entre las demás. Al verme corriste hacia mí con tus enormes ojos llenos de chiribitas y los brazos en alto. Llevabas una bolsa en la mano y tu pequeña mochila en la espalda.

—Mamiiii, te he hecho un regalo por tu cumple —dijiste sonriendo con tu voz de trapo.

—¡Qué ilusión, mi vida! —contesté cogiéndote en brazos, aunque ya pesabas mucho, pero me encantaba hacerlo.

—Mami, bájame que ya soy mayor. ¡Voy a hacer cuatro años! ¿Abres el regalo?

Nos metimos en el coche y abrí tu regalo. Era un precioso collar de macarrones.

—¡Gracias, mi amor, es el collar más bonito de mi vida!

¡Te pusiste tan contento de que me hubiera gustado! Así eras tú desde niño, detallista y generoso.

Otro cumpleaños que jamás olvidaré, me había tocado grabar la noche anterior hasta muy tarde los directos del programa *Qué apostamos*. Tendrías alrededor de cinco años. Ese día, como muchos otros que yo no podía llevarte al cole por trabajo, te llevó tu padre. Cuando me levanté, Mónica, la chica que me ayudaba en casa, me entregó una nota tuya. Escribías: «Mónica cuando se levante mi madre dila que la quiero».

> Mónica cuando se levante mi madre dila que la quiero

No sabes cómo me emocioné, Aless. Si no levantabas un palmo del suelo, y tu corazón era ya tan grande.

Te juro que nadie me ha querido como tú. Quiero gritarlo muy alto para que mis palabras te lleguen al cielo.

Cada año ingeniabas un regalo maravilloso y diferente. Ese 18 de marzo de 2019 fue el más feliz de mi vida, aunque fuera el último cumple que celebré, porque el siguiente ya estabas ingresado en el hospital y después ya nunca más estuviste a mi lado.

Llegaste a casa de trabajar, estabas guapísimo, irradiabas salud por cada célula, vestías unos vaqueros, una camiseta blanca y una americana azul con deportivas. Tu cabeza se había poblado de nuevo de tus maravillosos rizos, te habían vuelto a salir pelos hasta en las cejas y pestañas, y te estabas dejando barba.

—Mamá, ¿tenemos algún antepasado escocés? —me preguntaste muy serio.

—No, que yo sepa, ¿por qué me lo preguntas? —contesté muerta de risa ante tal ocurrencia.

—Porque mira mi barba, es pelirroja —dijiste riendo.

—Es verdad, tienes una barba rojiza y preciosa —te respondí pensando que habías olvidado completamente que era mi cumpleaños. Entonces, sacaste un regalo y una carta.

—Mamá, feliz cumpleaños —dijiste entregándomelos.

Abrí el regalo y era un fular de marca blanco precioso.

—Madre mía, ¡me encanta! Un millón de gracias… Pero te ha tenido que costar una pasta.

—Para eso trabajo, mamá. Lee la carta.

¿Sabes que la tengo guardada con todas las demás que me escribiste en tus veintiséis años? Están en el cajón de la mesilla al lado de mi cama y son mi tesoro. Esta es la primera vez que reúno el valor para volver a leerla desde ese día.

Querida mamá:
Este año me he sentido más cerca de ti que en toda mi vida. Gracias, por tanto. He podido comprobar con mis manos y mi propio esfuerzo las dificultades

que conlleva ganar dinero, y más si es para mantener a un animal como yo.

Cabe decir que ahora por fin lo estoy consiguiendo, y el cincuenta por ciento del mérito te lo llevas tú. Porque tú, a diferencia de tus hermanos, sabes tan bien como yo lo que implica embarcarse en un crucero a tierras de nadie.

Me he dado cuenta de que hay muy poca buena gente en el mundo, y que ser bueno trae mucha más felicidad que la maldad, los engaños y el egoísmo. Todo esto me lo has enseñado tú. Tu amor y tu cariño han hecho proponerme como objetivo de vida el transmitir esos valores a mis hijos a través de una familia unida.

El amor nunca me ha faltado, pero he podido palpar en tus comentarios lo mal que te lo han hecho pasar los hombres estos años y quiero predicar con el ejemplo.

Dicho lo dicho, nunca te va a faltar de nada, mamá, y no veo la hora de ganar suficiente dinero para verte disfrutar de tu vida sin trabajar, lo que haría un buen hombre.

Te quiere muchísimo,
Aless

Esa carta, mi vida, me desgarra por dentro. Tú eras ese buen hombre que ahora debería estar a mi lado. El que tenía todo el derecho a haber sido feliz. Y, sin embargo, aquel verano del 2019 lo fuimos.

Después de unos días en los que quemaste Ibiza con tus colegas, decidiste venir a El Manantial para estar con tus abuelos y conmigo. Nos regalaste unas semanas de felicidad absoluta, exprimiendo cada segundo los atardeceres sentados en el sofá con tu abuela y los *gin-tonics* que le cambiabas por pastillas. Volvimos a navegar juntos por ese mar que tanto amabas desde pequeño.

Aquel verano del 2019 fue tu último verano. También el mío.

Ahora no puedo seguir escribiendo, prefiero quedarme con aquel bonito recuerdo. Ha llegado el preludio de otra noche sin ti, me rodea un silencio donde tal vez reinan los ángeles. Siento como si hubiera estallado una bomba atómica dentro de mí reduciendo mi cuerpo, corazón y alma en cenizas.

Entro a tu dormitorio como cada día para darte las buenas noches. Tengo el jersey beis que te regaló tu abuela, y que tanto te gustaba, envuelto en plástico para que no se vaya tu olor, que permanece intacto. Te huelo…, te beso…, estás aquí. Me quedo con la mirada fija en tu biblioteca poblada de libros, mis manos se dirigen automáticamente a uno situado en la tercera balda de la estantería. Entonces recuerdo lo que me dijiste en tus últimos días del hospital cuando la altísima fiebre me hacía pensar que estabas delirando:

—Mami, alcánzame el libro de la tercera balda de la estantería y léelo —pedías señalando la pared blanca del hospital con un susurro tan bajito que casi no podía escucharte.

No puede ser. Conmovida lo cojo y leo el título: *Proof of heaven*. Está escrito en inglés por Eben Alexander y es el mismo que compré hace un año en español, *La prueba del cielo,* sin saber que tú lo habías leído y que lo tenías en tu dormitorio. Es una señal.

El *best seller* lo escribió un prestigioso neurocirujano americano cuya lógica científica jamás había dado crédito a las ECM, esas experiencias cercanas a la muerte que miles de pacientes en todo el mundo narran como un viaje extraordinario a través de un túnel que desemboca en luz, amor y paz después de despertarse de un coma.

Este prestigioso neurocirujano creía que eran fantasías, ya que durante el coma el neocórtex —la parte del cerebro que nos convierte en humanos y crea la conciencia— se desconecta. Como cuando desconectas el enchufe de un televisor y este se apaga. Esas fueron sus creencias hasta el día en el que una infección en el cerebro le causó un coma y vivió en su propia carne ese viaje, una experiencia cercana a la muerte perfecta, lo más real que había vivido en su vida. Para la mayoría de los científicos no hay espacio para esa realidad, porque una forma de engañarse es negarse a lo que es verdad.

La muerte del cuerpo y del cerebro no suponen el fin de la conciencia o el alma. La vida continúa después de la muerte. El alma es inmutable, inmanente, eterna. Quizás esta realidad os dé un poco de paz a los que habéis perdido a seres queridos, aunque sea por unos instantes.

Me imagino que lo compraste en Nueva York y que en ese momento ya estabas pensando en la muerte, pero lo ocultabas para no hacerme más daño. Otra prueba más de tu amor y entereza.

No alucinabas en el hospital ese día por la fiebre. Querías que supiera que el cielo existe antes de morir para darme algo de paz en tu enloquecedora ausencia. Necesitabas decirme que somos energía y que tu alma permanece intacta a mi lado para siempre, que hay vida después de esta vida.

Te siento tan próximo que un escalofrío recorre todo mi cuerpo. Salgo de tu dormitorio notando más que nunca ese cordón umbilical invisible de luz que nos une eternamente.

Esta noche dormiré con tres puñales clavados en el corazón.

Antes de cerrar los ojos, hay un te quiero que se duerme en mis labios.

7
LA ÚLTIMA BATALLA

*Todavía quedaba la última batalla, la batalla de mi vida,
pero creo que el cuerpo es sabio y te prepara para todo,
incluso para la muerte.*
Aless Lequio

Miles de luces de todos los colores iluminan el cielo nocturno de Madrid deshojando alegría. Llegó la Navidad más triste de mi vida sin mi hijo ni mis padres.

Desde tu partida no he tenido fuerzas ni ganas de volver a celebrarla. ¿Qué terrible nostalgia sentirás en el cielo, no solamente de las Navidades, sino de toda la vida que te robaron? Nuestra casa permanece poblada de sombras enmohecidas, ausente de las luces y bolas de colores del árbol que siempre adornábamos juntos para embellecer nuestra época favorita del calendario. Y, sin embargo, ayer te llevé a ese lugar donde estás durmiendo un centro navideño precioso con velas, muérdago, bolas rojas y las estrellas bañadas en purpurina que tanto te gustaban.

No sabía dónde pasar esta Nochebuena. La casa de mis padres, aquella en la que toda la vida celebrábamos la

Navidad, ya solo existe en el recuerdo de esas noches entrañables en las que mis padres, cuatro hermanos, once sobrinos de todas las edades y tú las llenabais de risas, alboroto, amor y felicidad. Ahora está abandonada de todo el amor que vivió durante más de sesenta años, hasta el reloj del salón que marcaba cada hora inolvidable de nuestras vidas dejó de palpitar.

Tampoco tengo fuerzas para ir a casa de ninguno de mis hermanos, ellos están felices con su familia e hijos, y mi compañía solo aportaría tristeza.

El día de Nochebuena salí de madrugada del dormitorio con mi pequeña maleta huyendo de la Navidad, pasé por tu habitación para despedirme y abracé tu almohada, sobre la cama aún permanecían una veintena de los guerreros de *Dragon Ball*, que adorabas de pequeño y volviste a recuperar como símbolo de fuerza durante tu combate contra el cáncer.

Todavía no había amanecido, el silencio y la oscuridad reinaban en la casa. Bajé la escalera para dirigirme al salón, y antes de encender la luz vi un arco iris perfecto reflejado en los escalones blancos. Me quedé petrificada, sin respiración. Miré alrededor intentando encontrar una explicación lógica o científica. El arco iris se forma cuando la luz solar incide sobre las gotas de lluvia y contiene los siete colores de una radiación electromagnética. Pero no había lluvia, ni sol, ni un mísero rayo de luz que pudiera refractar creando esa visión óptica. Me quedé atónita, un escalofrío recorrió todo mi cuerpo. ¿Sabes que sentí tu abrazo desde la eternidad, que llegó a lo más profundo de mi alma, llenándome de un amor infinito? ¿Era tu señal? No podía contárselo a nadie, dirían que esa pobre madre se había vuelto loca. Saqué el móvil, decidí no hacer una foto porque pensarían que la había trucado, lo grabé en vídeo para los incrédulos por si un día me decidía a contarlo.

El arco iris siempre simbolizó un puente entre el cielo y la tierra. En el Antiguo Testamento, Dios lo creó tras el diluvio universal con la promesa de que jamás volvería a suceder una catástrofe así. En la mitología griega, el arco iris simbolizaba a la diosa Iris, mensajera entre el cielo y la tierra. Y, sin embargo, para la espiritualidad el arco iris es una señal que mandan los ángeles o personas queridas que nos dejaron. Son seres de luz y energía que pueden crear esa visión, y lo hacen para recordarnos que están ahí, a nuestro lado, protegiéndonos. Sé que me mandaste esa señal, hijo mío. Gracias. Me da igual quién lo crea o no, yo lo vi, lo sentí, y para mí eso es suficiente.

Cerré la casa y me dirigí en tren hacia ese lugar cerca del mar buscando el silencio, perdiéndome en la Navidad más oscura de mi vida en la que solo tu luz iluminaba mis ojos de luto.

Desde la soledad de mi habitación observo a través de la ventana cómo un inmenso sol invernal naranja abraza el mar. Ya es de noche, el cielo se ha poblado de estrellas y el viento canta una nostálgica melodía de Nochebuena. Enciendo el televisor. Estoy ahí ocupando toda la pantalla con un vestido espectacular, magistralmente peinada y maquillada, bailando y sonriendo mientras felicito esta noche, antaño mágica, a todos los españoles. Qué ironía. Qué contradicción. Llevo puesto el albornoz del hotel, una coleta de caballo, que esconde la pereza de tener que lavarme el pelo, y la cara lavada sin rastro de maquillaje. Doy un mordisco a lo que será mi cena, un sándwich de jamón y queso con patatas fritas que me acaban de traer del servicio de habitaciones, y dejo que el dolor de mi tristeza moje los recuerdos de lágrimas.

Arrancan en mi memoria los momentos y el color de aquellos días navideños cuando aún estabas.

Desde pequeño adorabas la Navidad. Te encantaba ayudarme a decorar la casa, poner el árbol, el belén y, sobre todo, los tres renos llenos de luces en el jardín, que tanto asustaban a tu perrita Luna, los mismos renos que siendo adolescente situabas en posturas cada año más indecentes, con tus amigos muertos de risa.

A pesar de que ya me había separado de tu padre, cada Nochebuena venía para ayudarme con los regalos antes de ir a casa de tus abuelos. Al principio hacía de Papá Noel. Se disfrazó cada Navidad hasta que un año, debías de tener siete, lo descubriste.

Tengo guardado ese momento, que necesito recordar ahora para endulzar esta noche tan amarga. Tu padre y yo habíamos preparado al milímetro todo el teatro. Una semana antes habías escrito tu carta a Papá Noel:

Querido Papá Noel:
Hola, soy Aless, me podías traer un discet de Digimon de consola y un disfraz de Digimon. También quiero un jet volador. También una cosa muy importante, un escritorio para hacer los deberes. Si otro niño lo necesita, dáselo de mi parte.
Muchas gracias.

Llegada la hora, miré por la ventana y te dije:
—Mi vida, acabo de ver los renos en el cielo. Papá Noel está a punto de llegar. ¡Corre, ven!
Tus ojos se abrieron de par en par brillando de ilusión. Abrí la puerta y Papá Noel apareció lleno de regalos.
Tu padre siempre ha sido un pésimo actor, intentó hablar con un tono de voz tan profundo que no coló.
Te acercaste mosqueado, te pusiste de puntillas y, alargando tu bracito el máximo posible, le tiraste de la barba.
—Papá…, ¿por qué vas disfrazado de Papá Noel?
Tu padre y yo intentamos disimular el ataque de risa. No hubo manera de arreglarlo. Primero te pusiste muy triste, ¿recuerdas lo que nos dijiste después?
—Mamá, papá, si os divierte este juego, ¡que el año que viene papá se disfrace otra vez, y yo hago como que no lo sé!

Después de abrir los regalos, íbamos a casa de mi madre. Para ella era el día más importante del año. Se pasaba semanas organizando esa noche: una exquisita cena, los manteles de hilo bordados a mano, la elegante decoración del salón, aquellos maravillosos centros de mesa plagados de bolas rojas, doradas, flores y velas, la vajilla de porcelana a tono con la mantelería y una multitud de regalos debajo del inmenso pino para sus cinco hijos y once nietos.

Desde muy pequeño, en Nochebuena, leías delante de la familia una carta que escribías encerrado en tu habitación el día anterior. Se convirtió en un ritual. Tu desparpajo, creatividad y alocada ternura cautivaba a todos. Tu abuelo, maravillado y lleno de orgullo hacia su nieto, la escribía en su ordenador y la mandaba a toda la familia al día siguiente. Hoy he encontrado una de esas cartas en mi cajón de los tesoros, Navidad del año 2000. La escribiste con ocho años. A esa edad ya transmitías lo poco que te importaba lo material y cómo valorabas el amor a tu familia más que nada en el mundo.

Te estoy viendo esa noche con el gorro de Papá Noel puesto, te quedaba demasiado grande, tapándote casi toda la cara, dejando algunos rizos dorados al descubierto. Tenías la mirada llena de ilusión, con los ojos del pillo que está a punto de hacer una travesura. En Nochebuena era obligatorio ir a casa de mis padres vestidos de punta en blanco, porque tu abuelo tenía prohibidos los vaqueros. A regañadientes te habías enfundado la chaqueta, una camisa blanca y la corbata, el traje de hombrecito formal que odiabas tanto de pequeño como de mayor. Creo que solamente te vi con corbata en las Nochebuenas, tu graduación y la boda de tu padre.

A pesar de sentirte muy incómodo, y sin parar de tirar de la corbata que te ahogaba, te levantaste de la mesa con un papel en la mano y leíste con soltura delante de tus abuelos, tíos y primos:

La Navidad se puede quedar sin regalos
Aun así, será Navidad
La Navidad se puede quedar sin la cena de la abuela
Aun así, será Navidad
Si Papá Noel se estrella
Aun así, será Navidad
Si la noche se queda sin luna
Aun así, será Navidad
Pero si la familia no se puede reunir en la noche más feliz del año
¡YA NO SERÁ NAVIDAD!

Me emociona tanto leer esa carta que escribiste siendo un niño, que ahora entenderás por qué ya nunca será Navidad para mí. Porque jamás nos volveremos a reunir todos.

El sándwich de jamón y queso frío que tengo entre las manos me hace volver a la realidad, miro el reloj esperando que esta horrible Nochebuena acabe de una vez.

En unos días he aceptado retransmitir las campanadas en televisión de nuevo. Cuando lo hice la primera vez, eras muy pequeño. La última noche del año tomábamos las uvas a las ocho de la tarde, programaba la tele para grabar la retransmisión, y después de contarte un cuento, te dejaba dormidito en tu cama. Cada año desde el balcón de la Puerta del Sol te mandaba un beso. Al día siguiente veíamos juntos el programa en mi dormitorio, te quedabas mirando fijamente la tele y luego a mí, que te sujetaba en mis brazos. No entendías nada, ¿cómo era posible que tu mamá estuviera en dos sitios al mismo tiempo? ¿Recuerdas lo que me dijiste aquella primera vez?

—Mami, tienes superpoderes. Te has salido de la televisión para estar aquí conmigo.

Aless, ojalá fuera cierto y tuviera superpoderes para volver a abrazarte.

Acepté retransmitir las campanadas para despedir el 2020, el año más difícil para España por la pandemia, y para mí.

Hacía seis meses que me habías dejado, seis meses en los que no fui capaz de levantarme de la cama y enfrentarme a la terrible realidad de tu ausencia. Esos seis meses sin ti no sabía quién era, ni siquiera si era. Simplemente estaba allí, como una percepción singular en medio de una eterna nada sombría, carente de principio y final. Vivía, comía, respiraba en la oscuridad de mi cuarto, donde solo permitía la tenue luz de la lámpara de la mesita de noche. Mis únicas salidas eran para visitarte en el cementerio. No podía hablar, ni escuchar música y mucho menos relacionarme con la gente ni con mis adoradas hermanas ni mis mejores amigos.

Un día Susana, mi representante y amiga de toda la vida, vino a casa para decirme que me habían ofrecido en RTVE dar las campanadas. Sería mi primer contacto con el mundo, un mundo donde tú ya no estabas, en el que no escucharía tu voz nunca más ni podría volver a abrazarte. Un mundo donde todos los relojes se habían parado, mi corazón no latía, el aire no me llegaba a los pulmones y solo sentía un insoportable dolor, porque había elegido morirme a pesar de seguir inevitablemente viviendo en él. Perder un hijo es morir y tener la obligación de vivir.

La voz de Susana me sonaba tan lejos como imposible que pudiera estar desde la Puerta del Sol maquillada y vestida hablando ante millones de españoles. Entonces pensé en ti. Era muy fácil, solamente tenía que seguir tu ejemplo de coraje y tu lección de vida.

Ese 31 de diciembre del 2020, mi adorado amigo Ra, el que ha estado estos años a mi lado sujetándome la mano para que no cayera más hondo, vino a casa para acompañarme a la Puerta del Sol. Previamente me tuvieron que maquillar varias veces, imposible contener las lágrimas que emborronaban constantemente el maravilloso maquillaje. El coche de producción me esperaba en la calle, pero mis piernas temblaban descontroladamente al caminar. A cada paso sentía que me iba a desmoronar como un castillo de algodón. El conductor me abrió la puerta y le pregunté su nombre.

—Me llamo Aless —dijo sonriendo.

Me quedé muda.

Hay miles de nombres en el mundo, pero se llamaba como tú. Entonces noté una inmensa paz, porque sabía que habías venido a recogerme y me llevarías en brazos con todo tu amor hasta el mismísimo balcón de la Puerta del Sol.

Atravesamos un Madrid vacío por el estado de alarma. No circulaba ningún coche y no se veía ni un alma paseando por las calles debido al toque de queda. Imponía ver la Puerta del Sol desierta, bañada en un silencio profundo a veces roto por las notas de Nacho Cano tocando *Un año más*.

Me sentí flotar cuando vi el piloto rojo de la cámara anunciando que estábamos en el aire, respiré profundamente y mi corazón roto habló al corazón de millones de hogares españoles.

Miré hacia arriba y dije:

—Aless, todos los años desde este balcón te mandaba un beso a casa, este año no puede ser..., y, si me lo permitís, se lo mando al cielo.

Y con la mano temblando de emoción, intentando ocultar mis lágrimas, te envié ese beso a la eternidad que sé que recibiste.

El reloj dio las doce campanadas y en cada una escuchaba tu voz:

—*Brava, mamma!* —Como solías decirme con acento italiano.

Al día siguiente las buenas críticas fueron unánimes. Habíamos sido líderes y la retransmisión de las campanadas más vista de los últimos diez años de televisión. Para mí eso solo fueron números, lo único importante era que el mensaje de esperanza y entereza de una madre de luto había llegado al corazón de más de ocho millones de españoles, de un país en duelo por las doscientas mil muertes a causa de la pandemia.

Lo que no sabe nadie es que al llegar a casa desde la Puerta del Sol me desplomé llorando abrazada a mi amigo Ra, y que esa noche mis lágrimas tiñeron de rojo mi cama.

De la misma manera que lo están haciendo ahora sobre este papel al volver a recorrer los dolorosos meses de este viaje que debería haber terminado felizmente ese 2019 cuando el cáncer desapareció de nuestras vidas.

Pero no fue así.

* * *

Después del inolvidable verano en El Manantial, te tocaba revisión en Barcelona. Una semana antes, y por tu inmenso amor hacia el mundo peludo, habías adoptado a un perrito de dos meses abandonado por sus dueños. Era de raza desconocida y, sin embargo, tan precioso como travieso, en cinco segundos nada más llegar a casa destrozó mis calcetines. Le llamaste Boby Puchúm. Tenías un don especial para poner nombres y apodos, eran siempre divertidos, irónicos y creativos. Yo fui mamá *peciosa* —sin la erre— cuando eras pequeño, la *mamma* —con acento italiano— en tu adolescencia, mamá biónica y mamá termómetro durante el cáncer. «Mamá» es la palabra más bonita que me han dicho en mi vida, algunas noches, justo en ese instante antes de dormir, vuelvo a escucharte llamándome con claridad y cierro los ojos con rapidez para no despertarme.

A Luna no le sentó muy bien la llegada de Boby Puchúm a casa, estaba muy celosa, aunque acabó aceptándolo y se hicieron inseparables.

A la espera de que esa tarde el doctor nos diera los resultados, fuimos a comer a un restaurante muy bonito cerca del puerto de Barcelona. El mar estaba como un plato, permanecía en calma, inmóvil y tranquilo como nuestras almas, una cantidad de gaviotas errantes dejaban huellas en la arena para surcar luego el cielo del azul intenso de septiembre. Era increíble cómo el cáncer nos había transformado. Durante esos nueve meses que estuviste sano, apreciábamos cada instante del extraordinario regalo de estar vivos.

Te quedaste largo rato ausente con la mirada perdida hacia los barcos que dormían en el puerto. Durante más de diez minutos de monólogo, me di cuenta de que no escuchabas absolutamente nada de todo lo que te estaba diciendo. Imaginé que estabas visitando de nuevo tu hogar de las musarañas. Estoy segura de que en esta ocasión habló Muria, la musaraña pesimista:

—Mamá, es la tercera ITV. Si estoy limpio otra vez, las posibilidades de que vuelva a tener cáncer son cada vez menores.

—Mi amor, el cáncer pasó a la historia, no sé por qué siempre estás con esas estadísticas. Deja de bucear en Google. Llevas sano nueve meses. ¡Se acabó para siempre! —afirmé.

Te quedaste pensando unos segundos y habló Cúpula, tu musaraña positiva:

—Tienes razón, a veces soy demasiado realista y un poco pesimista. Mamá, es que… ¡Tengo tantos planes! Aparte de la empresa, quiero continuar escribiendo mi libro, atender el portal solidario, cuidar de Luna y de Boby Puchúm… ¡Aahh! Y lo más importante, que te he dicho mil veces: algún día quiero casarme y tener cinco hijos, como los abuelos.

—Todo me parece genial y sé que vas a conseguir en esta vida lo que te propongas. Estoy superorgullosa de ti, hijo, solamente hay un pero… ¡Todavía no me hagas abuela! Espera un poquito —añadí riendo.

Finalizamos la comida y felices nos dirigimos hacia el hospital para que nos dieran el resultado de las pruebas. Esta vez caminábamos por los pasillos riendo y con paso firme. Estábamos convencidos de que la sentencia del juez sería una y solamente una: vida.

El doctor nos esperaba con gesto serio. Bajó la mirada y dijo:

—Sentaos, por favor.

Nos sentamos sin decir ni una sola palabra.

—No tengo muy buenas noticias... —prosiguió.

Se hizo un denso e interminable silencio.

—Lo siento mucho, Aless, has recaído. Hemos vuelto a encontrar un tumor —pronunció tan bajito que casi no le escuchamos.

Enmudecimos. El doctor nos acababa de clavar un puñal directo al corazón. No podía ser. ¿Qué puta mierda había dicho? Volví a enfadarme mucho con Dios. ¿Por qué le castigaba sin piedad de esa forma?

Observé a mi hijo. Le veía tan guapo, lleno de salud, juventud y con esa mirada repleta de aspiraciones. Para mí era invencible. Parecía que llevara en su espalda unas maravillosas, brillantes y veloces alas que se elevarían sobre el maldito cáncer dejándolo reducido a cenizas.

Aless cerró los ojos sin decir nada durante un tiempo interminable. Lo vi desinflarse, contemplé cómo sus casi dos metros de estatura repletos de fuerza y coraje se iban haciendo cada vez más pequeñitos. El gladiador se desmoronaba lenta e inevitablemente. De repente, abrió los ojos de par en par, respiró profundamente y preguntó con decisión:

—¿Y ahora qué hacemos, doctor?

—El tumor reproducido es muy pequeño, programo una operación para la semana que viene y luego tendrás que volver a un ciclo de quimios durante tres meses. Pero ya no serán de primera línea, esas no se pueden repetir —contestó.

—¿Y esa segunda línea de quimio es tan efectiva como la primera? —preguntó Aless esperanzado.

—No tanto... —murmuró el doctor.

—¿Pero tiene algún paciente que haya vivido con la segunda línea de quimios? —preguntó de nuevo con firmeza.

—Alguno —contestó el doctor sin enfatizar.

—Pues con ese «alguno» me basta —concluyó con fuerza Aless.

No pude decir nada. Me había quedado sin voz. Tenía que volver a asimilar que mi hijo estaba enfermo otra vez.

Salimos de la consulta en silencio. Me costaba andar y respirar. Entonces volví a sentir esa oleada de fuerza que sacudía mi cuerpo.

—¡Vamos a por todas, mi vida! Si te curaste una vez, lo vas a volver a hacer.

Me cogiste de la mano con ternura.

—Mami, en el sarcoma de Ewing, cuando hay una recaída, las posibilidades de vivir se reducen a un quince por ciento —dijiste con preocupación.

—Por favor, déjate de probabilidades ni de mierdas. Te vas a curar y punto —alcancé a decir con la voz más firme que encontré.

El día de la operación, Alessandro padre vino a Barcelona para estar con nosotros. Vimos cómo desaparecía en la camilla hacia el quirófano, su gesto era serio. Esperamos en la habitación del hospital sin poder pronunciar una palabra entre nosotros.

Le trajeron del quirófano muy sedado. El oncólogo confirmó con la biopsia que el cáncer había vuelto, y, aunque habían extirpado casi todo el tumor, la resección no era total y tendría que enfrentarse a las quimios otra vez.

De regreso a casa decidió volver a hacer el ciclo de tres meses de quimios en Madrid, sin tener que desplazarnos a Barcelona. El gladiador había vuelto.

—Quiero hacer el tratamiento aquí, no quiero dejar de trabajar ni un día.

—Me parece perfecto, y yo a tu lado. Siempre.

—Mamá, el viaje más largo empieza con el primer paso.

Y así lo hiciste. Aunque quiera borrar tu imagen en el hospital para siempre, aún puedo verte tumbado en la camilla con la quimio entrando en tus venas y el ordenador sobre el pecho trabajando sin cesar en tu empresa de marketing digital, que cada vez triunfaba más. Tus dolores volvían a ser terribles y tuviste que regresar a los parches de fentanilo.

Llegó la Navidad de ese 2019 del que te despedías con matrícula de honor y sin ninguna queja durante otros tres meses de quimios. Jamás olvidaré esa Nochebuena que celebramos en el hospital, fue tu última quimio de ese ciclo y también tu última Nochebuena. La planta de oncología estaba decorada con algunos adornos navideños. Caminabas sonriendo con tu gorro de Papá Noel y unos regalos para las enfermeras que siempre te atendían con mucho cariño.

—Mamá, ¿sabes que llevo más de sesenta sesiones de quimio? —me preguntaste como quien te dice orgulloso que ha corrido diez kilómetros sin cansarse.

No te contesté, pero claro que lo sabía. Había estado a tu lado en todas y cada una de ellas. Aunque tú no lo vieras, había sufrido y sentido sesenta veces ese veneno-curación entrando en mi cuerpo también, había perdido el pelo al mismo tiempo que caía el tuyo, y prueba de ello es el dolor que ha anidado en mis arrugas para siempre.

Te tumbaste en la camilla, la enfermera te enchufó la quimio al Port-a-Cath y empezaste a trabajar. Hablabas con el móvil con un cliente importante de tu empresa, tus mejillas estaban cada vez más pálidas.

—Pues perfecto, organizamos el evento para el 10 de enero... Espere un momento, por favor, que voy a vomitar —le dijiste.

Y vomitaste. Luego, cogiste el teléfono y continuaste la llamada pidiendo perdón educadamente. Porque así eras tú, inconformista, genial, transparente y sin ningún filtro.

Empezó el año 2020 con buenas noticias. En el último PET de principios de enero nos dijeron que estabas limpio, y, sin embargo, tus dolores no cesaban, sino que iban en aumento, lo que no me gustaba nada.

Yo comencé los ensayos de una obra de teatro, trabajaría solamente los fines de semana, no podía aceptar programas ni series de televisión comprometiéndome a largos periodos de trabajo, ya empezaba a conocer demasiado bien al cáncer, ese tobogán que te lleva al cielo y un segundo más tarde al más aterrador de los infiernos.

Esta vez poco nos duró la paz y la felicidad. Recuerdo con desmedido dolor esa mañana de domingo de febrero, porque ese día fue el principio del final para los dos.

Habíamos salido a dar un paseo por la urbanización muy abrigados, aunque lucía un sol resplandeciente sobre un cielo azul intenso ausente de nubes. Nada más abrir la puerta de casa, vimos un gato negro sentado frente a nosotros, clavándonos la mirada. Sus ojos eran amarillos y desafiantes. Nunca olvidaré tus palabras:

—Mamá, esto no trae nada bueno.

—Qué cosas dices, Aless. Si tú no eres supersticioso, no quiere decir nada —dije mintiendo, porque soy la persona más supersticiosa del mundo.

Esa misma tarde me encontraba estudiando mi papel para la obra de teatro y entraste asustado en mi cuarto porque tenías una hemorragia incontrolable.

—Mamá, creo que ha vuelto, ha vuelto… ¡¡Ha vuelto el cáncer!! —no parabas de decir.

—Que no, tranquilo. Vamos a urgencias, pero ya verás como puede ser la bajada de plaquetas, no ha vuelto ni de coña. Hace un mes estabas limpio en las pruebas. ¡Es imposible!

Entraste en urgencias en silencio. Caminabas excesivamente lento por el dolor, con un gesto de preocupación que nunca me habías mostrado. A pesar de que los hospitales eran como nuestra segunda casa, tan solo respirar su olor volvía a revolverme todo por dentro.

Nos atendieron enseguida para controlar las hemorragias y le hicieron todo tipo de pruebas.

—Tiene que quedarse ingresado, hay coágulos que mañana extraeremos en una intervención.

—Pero, doctor, ¿eso quiere decir que el cáncer ha vuelto? —preguntó Aless desesperado.

—Mañana haremos biopsia y te lo decimos, Aless, tranquilo —dijo intentando calmarle. Calmarnos.

Pasé toda la noche en la habitación sin dormir, sentada al lado de mi hijo. Aunque tenía los ojos cerrados, no podía ni imaginarme lo que estaría pasando por su cabeza.

Al día siguiente, después de la intervención, nos confirmaron la tercera recaída:

—Lo siento mucho, Aless, el tumor ha vuelto.

—Mire, doctor, con todos mis respetos. Creo que se han equivocado, es de otro paciente. ¡Si hace un mes estaba limpio! Es imposible —salté.

—Doctor, ¿cuántas balas me quedan? —preguntó Aless sereno.

—Hay una tercera línea de quimio más para tu caso, pero por desgracia es la última.

—¡¡¡Joder!!! Perdón, ¿¡cómo que la última!? ¿Qué está diciendo? —exploté.

—No hay más. Si no funcionan, solo quedan uno o dos ensayos en España.

—¿Qué me está diciendo, doctor? ¡Que solamente hay uno o dos ensayos más! Pero ¿por qué? —grité.

—Por falta de financiación del Gobierno no hay más —afirmó.

—¿Y cuándo empezamos con el tratamiento? —preguntó Aless.

—Mañana mismo, si los niveles de sangre están bien. Pero te quedarás ingresado.

Mi hijo había permanecido tranquilo hasta que el doctor salió de la habitación. Entonces la tristeza inundó sus vivos ojos color avellana.

Salí un momento al pasillo y llamé por el móvil a su padre.

—Estamos en el hospital, nuestro hijo ha vuelto a recaer. Ven, por favor.

—¡Noooo! ¡¡¡No es verdad!!! ¿Qué dices? Ana, por Dios... —gritaba en bucle.

—Te necesito fuerte, Alessandro. Tengo miedo, y es la primera vez que te lo digo —contesté con un hilo de voz.

—Ahora mismo voy, tranquila.

Salí corriendo hacia el final del pasillo que daba a una pequeña terraza y estallé en un sollozo visceral, sordo y seco, carente de lágrimas, pero repleto de una nauseabunda impotencia. Desde pequeña siempre me gustaron los cuentos con un final feliz, como los infinitos cuentos que me inventaba para mi hijo antes de dormir. Cada noche uno diferente, eran extraordinarios, mágicos y estaban llenos de luz. Para algo me había ganado desde niña en casa el apodo de Antoñita la Fantástica, porque mi imaginación no tenía límites. Pero jamás imaginé que ese día mi hijo empezaría un largo, arduo y doloroso camino de cuatro meses en un hospital del que nunca salió.

Rememorar esos momentos cubiertos de una densa niebla en mi mente es infinitamente doloroso. No tenía pensado escribirlos porque llevo casi tres años intentando borrarlos, pero quizás a los que estáis leyendo este terrible final, como el de muchos pacientes de cáncer, os ayude a amar la vida con intensidad, a relativizar tantos problemas absurdos que tienen solución, y os inspire a valorar lo que tenéis, agradeciéndolo cada día.

Al volver a la habitación, le encontré tumbado en la cama, con la mirada en calma. Tengo la convicción de que te estabas preparando para un largo viaje. Volvíamos a navegar juntos hacia la invencibilidad.

Los días se alargaban desoladores en el hospital. Hice una pequeña maleta para no separarme de mi hijo ni un segundo. La tercera línea de quimio parecía no funcionar bien, las hemorragias continuaban sin poder controlarse, las transfusiones de sangre eran continuas y, lo que era peor, el monstruo crecía cada vez más. Y, sin embargo, tú seguías con tu sonrisa permanente, con tus ganas de continuar luchando, y sin pronunciar ni una queja.

Las noches cantaban desnudas en los pasillos del hospital. El silencio se interrumpía cada cinco minutos con las llamadas de otros pacientes a las enfermeras, pulsando el botón colgado al lado de las camillas o por algún grito desolador de la mujer mayor en la habitación de al lado, y, sobre todo, por el endiablado bip, bip, bip que anunciaba que los medicamentos en las bolsas habían terminado de entrar por las venas en el cuerpo.

Permanecía despierta toda la noche para cambiar las bolsas aún con sangre de la sonda y poder pedir los bolos de morfina, porque los dolores iban creciendo en progresión geométrica. Las maravillosas enfermeras entraban de puntillas cada dos horas para no hacer ruido, con el móvil de la linterna para cambiarlas, siempre se enfadaban conmigo, lo querían hacer ellas para que yo descansase. No se daban cuenta de que el que sufría era mi hijo, yo estaba bien, con ese volcán de fuerza infinita que tenemos las madres al ver a nuestros hijos en peligro que provoca una alerta interior donde no existe ni el tiempo ni el agotamiento.

Cada noche te miraba cuando por fin los dolores cesaban un poco y podías dormir. Tu cara era de una inmensa paz, retrocedías veinte años en el tiempo y te volvías a transformar en Aless niño, con tus rizos dorados y la sonrisa pícara que se dibujaba en los labios, en ese momento me escapaba a la capilla del hospital a rezar. Ya ves para lo que me sirvió. No me hizo ni puto caso.

Cuando por fin veía amanecer a través del ventanal, parecía que la luz del sol me volvía a inyectar esa esperanza que jamás perdí. Aquella mañana el doctor me pidió que saliera de la habitación para que Aless no escuchara. En quince minutos el batallón en pleno de los doctores que le atendían quería una reunión urgente conmigo en la primera planta. De nuevo las paredes del pasillo empezaban a girar frenéticamente a mi alrededor, respiré lo más profundo que pude y entré en la habitación. Le estaban haciendo la analítica de sangre de cada día y Aless bromeaba con la enfermera llamando vampiros a los doctores.

—Mamá, ¿qué quería el doctor?

—Nada importante, hijo, bajo a la cafetería a desayunar y luego te digo, cualquier cosa llámame al móvil —mentí.

Llamé a su padre para que viniera arreando, las piernas me empezaban a flaquear, llevaba un mes sin dormir y no podía desplomarme en ese momento.

Bajé a la primera planta. En la sala me esperaban siete batas blancas con gesto serio: el oncólogo, el urólogo, el equipo de medicina interna, de la unidad del dolor y anestesistas. Tuve que pedir una silla para sentarme, mirando continuamente de reojo a la puerta porque necesitaba a Alessandro padre urgentemente a mi lado para sujetarme.

—Ana, tu hijo está muy grave. La quimio no está funcionando, el tumor ha crecido —dijo el oncólogo.

—Empiezan a fallar los riñones y tenemos que operar urgentemente mañana —afirmó el urólogo.

Antes de que siguieran las frases con pronósticos lapidarios, me levanté de la silla y les dije:

—Les agradezco muchísimo todo lo que están haciendo por mi hijo. Si hay que operar, le operamos, probamos otras quimios, lo que sea, pero, con todos mis respetos, ustedes no tienen ni puñetera idea de cómo es mi hijo, es un toro, es invencible y ahora mismo cambien esas caras, por favor, y hagan lo que tengan que hacer, que seguramente lo harán muy bien como siempre. Mi hijo se va a curar, como lo ha hecho ya varias veces.

En mitad del discurso apareció Alessandro padre, me sujetó por los hombros y concluyó:

—Ya la han escuchado. Vamos a por todas.

Mientras caminábamos por los pasillos hacia la habitación de mi hijo, frené en seco.

—Ahora le contamos lo de la operación juntos, pero con optimismo, ¿vale?

—Claro que sí, tranquila… —pudo responder Alessandro padre con muy poca voz porque estaba a punto de llorar.

—Cuando se recupere de la operación me lo llevo a Barcelona, al oncólogo del que nos habló el doctor W. Tab en Nueva York. Como no puede viajar ni levantarse de la cama, en un avión medicalizado o en ambulancia. Dame la mano, Dado… Nuestro hijo va a vivir.

Me apretó la mano muy fuerte y entramos.

Desde su cama, Aless nos miró con una sonrisa, le encantaba vernos juntos como a cualquier hijo de padres separados, la transfusión de sangre estaba finalizando.

—*Darlings,* no me ocultéis nada, ¿qué os ha dicho el doctor?

—Que todo va bien, pero te tienen que hacer una pequeña intervención porque los riñones empiezan a fallar —dijo el padre, porque yo fui incapaz.

—¿Otra operación? Decidme la verdad, ¿tengo metástasis?

—No, mi vida, te lo juro… El riñón está afectado por la proximidad del tumor. No hay metástasis —dije intentando ocultar la gravedad.

Aless se quedó muy serio. Su eterna sonrisa se borró en un segundo.

—¿Cuándo me operan?

—Mañana por la mañana.

—Esta tarde voy a llamar a mis amigos y primos que vengan a verme. ¿Pueden venir todos al hospital, mamá?

—Claro que sí, mi amor.

Esa misma tarde los amigos de toda la vida del cole y de la universidad y su querida prima Celia inundaron su habitación. Aless me pidió que les dejara solos, y yo aproveché para comer un sándwich asqueroso de la máquina del final del pasillo que se transformaría en mi única comida del día. En algún momento me acerqué sigilosamente para escuchar a través de la puerta, los oí reír y luego un largo silencio, no quería curiosear, simplemente necesitaba saber lo que en realidad pasaba por la cabeza de mi hijo, los miedos que me ocultaba por no preocuparme más.

Nunca supe de qué hablasteis, Aless, pero hace unos meses tus amigos me confesaron que les dijiste a modo de despedida:

—Solamente os pido que, si en algún momento no estoy aquí, no me olvidéis nunca.

Aless, ¿te estabas despidiendo de ellos? Mi vida, si para mí era impensable ese desenlace, ¿por qué no me transmitiste tus miedos? ¡Dios! ¿Por qué te hacías el fuerte? Estoy convencida de que era por amor.

La operación fue bien. Después de dos días en la uci, a la que solo podía entrar unos minutos, regresó a la habitación con más sondas y catéteres en el cuerpo. En ese instante empezaron a llegar al hospital los primeros casos de un virus del que no sabíamos nada llamado covid. Me sorprendió que en las noticias no dijeran nada hasta muchos días después.

Se prohibieron las visitas en los hospitales, por lo que ni Alessandro padre ni mis hermanas podrían venir, se cerró la cafetería y tendría que comer de la máquina del final del pasillo. Nos volvimos a quedar solos y también solos pasamos mi cumpleaños, ese 18 de marzo.

Estabas muy débil, casi no podías levantarte de la cama por las innumerables sondas y vías, pero esa mañana al abrir los ojos me dijiste:

—Feliz cumpleaños, mamá, no tengo regalo...

—Mi vida, ni te preocupes, ¡qué regalo me vas a hacer si llevamos más de un mes ingresados en el hospital! Mi regalo será dentro de poco cuando estés curado.

Entonces se quedó mirándome fijamente, sus ojos se empañaron y dijo con la voz más dulce que he escuchado jamás:

—Mamá, perdona por tener un hijo defectuoso.

Esa es la frase que quebró mi corazón, la frase que no puede evitar que un río de lágrimas caiga sobre este papel al escribirla. ¿Cómo es posible que me pidieras perdón por tener cáncer, mi vida? ¿Hasta qué límites llegaba tu amor y generosidad? No fui capaz de contestarte, solamente te abracé como pude entre las sondas y las vías con un amor inimaginable y esta vez, aunque no te gustaban los sentimentalismos, te dejaste.

Ante la desesperación de que la quimio no estaba funcionando, llamé a su doctor en Nueva York. Me confirmó que allí había buenos ensayos y alguna quimio más que en

España. Aless tendría que viajar a Estados Unidos en una camilla en un avión medicalizado acompañado de un médico. Estaba dispuesta a hacerlo, aunque fuera costosísimo, se trataba de la vida de mi hijo. Vendería la casa, el coche, me hipotecaria de por vida, pero no pudo ser. Para añadir un poco más de dificultad, Estados Unidos había prohibido por la pandemia los vuelos desde España. Maldije a los responsables del Gobierno por no financiar la investigación del cáncer. Pensé en la cantidad de enfermos que hipotecaban su vida para los tratamientos porque Sanidad no los cubría. La única solución era viajar a Barcelona donde el doctor especialista en sarcoma de Ewing era mi única esperanza.

Contraté una ambulancia medicalizada que nos llevaría hasta allí. También alquilé un piso con dos habitaciones con la confianza de que Aless pudiera salir del hospital y solamente regresar para las quimios. Estaba dispuesta a contratar enfermeras que le atendieran en el apartamento y sacarlo del hospital después de tanto tiempo de sufrimiento metido en una condenada habitación sin ver la luz del sol.

La mañana antes del viaje me ausenté media hora para hacer la pequeña maleta de Aless y la mía. ¡Qué ingenua! Su maleta regresó a Madrid sin abrir, todavía permanece cerrada en su cuarto.

Alessandro padre consiguió un permiso para entrar en el hospital para despedirse de Aless, con la mascarilla puesta desde la puerta de la habitación le mandó un beso que Aless recibió con los ojos vidriosos. El miedo a contagiarle ese virus del que aún se sabía muy poco anuló ese abrazo que ambos necesitaban.

El trayecto en ambulancia duró siete largas horas, para mí era impensable imaginar que sería su último viaje. Las carreteras estaban desiertas por el estado de alarma, parecía que una bomba atómica había estallado en España. Circulaban contados coches y no vi ni un ser humano en las calles cuando atravesábamos las ciudades y pueblos. Teníamos que ir a muy poca velocidad por la cantidad de sueros, sondas y vías que mi hijo llevaba en su cuerpo. Aless no rechistó durante todo ese tiempo, permaneció inmóvil tumbado y atado para no caerse en la estrechísima camilla, mantenía los ojos cerrados, solamente cuando le cogí de la mano me dijo con ternura:

—Mami, no te preocupes, estoy bien…

Entramos de noche en el hospital de Barcelona con las mascarillas puestas, atravesando la zona de las ucis que estaban a rebosar de pacientes con covid.

Los días en el hospital se sucedían excesivamente lentos, las noches eternas se convirtieron en una extraña y oscura dimensión, sin tiempo, donde ambos nos habíamos alojado. Ni siquiera había ido al apartamento que alquilé para dejar las maletas. No quería separarme ni un segundo de mi hijo.

Finalizada la tercera sesión de quimios, el doctor me llamó a su despacho. Caminaba muy despacio porque esa mañana me había desmayado, probablemente era debido a un cansancio extremo que en realidad no sentía.

—Ana, esta tercera línea de quimios no ha funcionado en absoluto, el tumor ha crecido y hay metástasis —dijo el médico preocupado.

—¿Metástasis? —pronuncié casi sin voz.

—Sí, y ya no hay más quimios.

—¿Qué quiere decir?, ¿que ya no van a hacer nada más?, ¡ni de coña! No vamos a tirar la toalla. ¿Se da cuenta de que se trata de mi hijo y de que jamás se dará por vencido? Yo sé que va a curarse —alcé la voz—, ¡y no le diga nada de la metástasis! Es su mayor miedo y necesito que siga luchando con optimismo y fuerza como hasta ahora. Gracias por todo. Vamos a buscar un ensayo en todos los rincones del mundo.

Me recompuse por el pasillo de camino a la habitación, llamé a nuestro doctor en Nueva York, necesitaba urgentemente una inyección de optimismo, aunque fuera mentira. Su secretaria me dijo que nos devolvería la llamada en una hora.

—¿Qué ha dicho el doctor? —preguntó desde su cama levantando la mirada con esperanza.

—Ahora viene, mi vida, pero la buena noticia es que en una hora te llama el doctor W. Tab desde Nueva York.

Su cara se iluminó y se tranquilizó después de hablar con su doctor en América.

Esa misma tarde el oncólogo entró en la habitación.

—Dígame la verdad, por favor —dijo con un hilo de voz que no reconocí. El dolor le había cambiado a un tono que no era el suyo, era como un lamento lleno de ternura.

—Aless, la quimio no ha funcionado, el tumor ha crecido...

—Y ahora... ¿cuántas balas me quedan? —murmuró.

—Existe un ensayo del que ya he hablado con el doctor W. Tab, vamos a pedirlo porque hay lista de espera, y, además, aún no podemos dártelo. Tus niveles de sangre están muy bajos.

—Entonces me queda solamente una bala... —dijo mientras sus ojos de guerrero inevitablemente se humedecían.

—Sí, pero antes empezaremos a alimentarte por nutrición parenteral por vía central. No puedes comer ni beber, nada que entre en el aparato digestivo por el tumor. Es una pequeña intervención en la que te colocamos un catéter en la vena cava del cuello.

—No pasa nada, doctor, no comeré ni beberé. Total, tampoco me puedo mover, lo único que quiero es empezar el ensayo cuanto antes, voy a seguir luchando. Gracias por todo, doctor —añadió con un coraje que no sé de dónde sacaba.

En ese momento creí que me iba a desmayar otra vez, pero sonreí, le cogí de la mano y apreté lo más fuerte que pude.

Se me partía el alma verle así, sus casi dos metros de un cuerpo antes musculado, cada vez más delgado y débil.

Era como si la vida se le fuera escapando ante la terrible impotencia de no poder hacer nada por evitarlo.

Una mañana al despertar me dijo:

—He tenido un sueño alucinante y maravilloso, podía andar y corría por un prado verde, me sentaba en el césped y me tomaba una cerveza muy fría, helada, con mis colegas. Mamá, lo que daría por tomarme, aunque solamente fuera, un vaso de agua.

—Ya lo harás, mi vida, en cuanto empecemos con el ensayo, porque va a funcionar seguro —dije sacando esa convicción de algún lado.

En ese momento pusimos la televisión. Veíamos cómo la gente se quejaba de estar confinada en su casa. Te miré prisionero en una cama, con todas tus sondas y vías, sin poder comer, ni beber ni moverte, sufriendo dolores inhumanos y luchando por vivir, y solamente dijiste:

—¡Qué suerte tienen!

Entonces tuve que encerrarme en el cuarto de baño para que no me vieras llorar. No quería más pruebas, ni vías clavadas en tus venas, ni operaciones, ni transfusiones ni morfina, tan solo quería envolverte en una manta, cogerte en brazos y salir corriendo del hospital para atravesar la realidad e irnos muy lejos.

Nunca me ha gustado pedir ayuda, pero empezaba a notar que tantos meses sin dormir y el cansancio acumulado no me daban la claridad mental que mi hijo necesitaba. Salí de la habitación y llamé a su padre.

—Alessandro, te necesito, creo que voy a volverme loca.

—Tranquila, lo estaba organizando ya, me llamó ayer el doctor. Estoy en una iglesia, rezando, hacía siglos que no entraba... Ana..., que se nos va... —dijo a punto de llorar.

—NO, joder, no digas eso. Te necesito fuerte y optimista. Ven ¡ya! —supliqué.

Imposible olvidar la cara de ilusión de Aless cuando su padre llegó a la habitación. Creo que él lo necesitaba tanto como yo. Esa noche Alessandro padre se quedó a dormir en el hospital, a regañadientes me fui porque me costaba la vida separarme de él y me dirigí hacia el apartamento que había alquilado. Ese día por primera vez dormí en una cama después de tres meses.

Fuera de las paredes de aquella habitación se vivía una pandemia que conmocionaba el mundo, una lucha encarnizada contra ese virus, y, sin embargo, vivíamos la nuestra propia. La frenética carrera de la existencia se había detenido para nosotros. Esperábamos ansiosos la llegada de ese único ensayo y mientras tanto los doctores intentaban estabilizarle todas las constantes y analíticas para poder recibirlo.

—Papá, no te enfades, pero prefiero que mamá duerma conmigo en el hospital. Ya sabes, es mamá biónica y pone firmes a los doctores —suplicó intentando esbozar una sonrisa.

—Claro que sí, mi vida, solamente me voy al apartamento a dormir una hora por la tarde y a ducharme, ya sabes las noches toledanas que pasamos —contesté.

Su padre lo entendió, se iría a dormir al apartamento para regresar muy pronto por las mañanas. Se acercó a un lado de la cama y le dio la mano con ternura, yo hice lo mismo al otro lado. Aless se quedó mirándonos con mucho amor y dijo con una voz tan débil que apenas se escuchaba:

—Me merece la pena estar así por veros juntos.

Cerré los ojos porque sentí que me volvía a desmayar, pero esta vez era del amor infinito que sentí en ese momento.

Tus últimas semanas anidan en mi mente en una densa penumbra de tanto querer borrarlas. Vagamente puedo recordar algunos instantes. Los dolores eran tan inhumanos que tuvieron que ponerte una perfusión continua de morfina, además de los parches de fentanilo y un sinfín de medicamentos que entraban por las siete vías clavadas en el Port-a-Cath.

Una mañana, después de la transfusión de sangre y posterior analítica, me dijiste:

—Quiero empezar el ensayo ya, por favor, habla con el doctor...

Te quedaste en silencio unos segundos y, mirándome fijamente a los ojos, susurraste:

—Mamá, no me quiero morir...

Y en ese momento no pudiste evitar que la tristeza de tu alma se esparciera por toda la habitación.

—Mi amor, no digas eso. Si te mueres, ¿qué hago yo con mi vida? Empezaremos el ensayo y te pondrás bien.

Sigue luchando, hijo, por favor —afirmé con una convicción que encontré escondida en algún lugar de mi mente.

Lo que nunca supiste es que mi esperanza luchaba contra un animal salvaje llamado miedo, que cada día, cuando te dejaba con tu padre esa hora que me iba al apartamento para dormir, lo único que hacía era llorar desconsoladamente, pero luego encerraba al miedo en una jaula y volvía a abrir de par en par la puerta a la esperanza, me maquillaba y vestía para que me vieras guapa y segura. No podía fallarte, porque continuaba siendo el espejo en el que te mirabas para darte seguridad.

Llegó el esperado día del ensayo a pesar de que seguías con las constantes al límite.

—¿Sabéis que en un mes y medio cumpliré veintiocho años? —nos preguntaste con muy poquita voz mientras esa nueva droga entraba en tu cuerpo.

—Claro que lo sabemos, y lo celebraremos juntos —contestamos al unísono su padre y yo.

Nunca llegamos a celebrarlo, mi vida. Hay una pregunta que me hago constantemente en mis sombrías noches de insomnio, ojalá pudieras contestarla. ¿Por qué desde pequeño tu número favorito era el veintisiete? Lo repetías sin cesar riéndote con distintas entonaciones y acentos. Acabo de ver tu primera cuenta de Instagram, que creaste a los veinte años, y era @elyerry27, y tu primer Facebook, El sosito magifique 27. ¿Por qué veintisiete, Aless? ¿Qué premonición intuías desde niño de tu fatal destino? ¿Será verdad que existe un plan desde que nacemos para las almas?

Una luminosa mañana de finales de abril miré por la ventana de la habitación y vi cómo los rayos del sol que se filtraban iluminaban tu cara, permanecías medio dormido casi todo el día por las altas dosis de calmantes. Tu padre daba cabezadas en la silla al lado de tu cama y yo te ponía el termómetro cada hora por la fiebre. Abriste los ojos muy despacio y murmuraste a duras penas porque el dolor te impedía hablar:

—Mamá, papá… Si me pasa algo, acordaos de la muestra que dejé en el laboratorio de Nueva York. Quiero tener hijos, aunque ya no esté. Es mi deseo… Prometedme que lo vais a hacer… Por favor… —suplicaste emocionado.

—No digas eso, tú tendrás tus cinco hijos cuando estés bien —dije cogiéndote de la mano. Ni siquiera podía abrazarte porque te dolía demasiado todo el cuerpo—. Pero si es lo que quieres oír, ¡te lo juro!

Te quedaste mirando a tu padre esperando una respuesta.

—Yo también te lo juro —aseguró.

Sonreíste levemente, tus manos se agarraron a las nuestras con ternura y nos miraste con tus maravillosos ojos que empezaron a brillar de nuevo.

—Y si alguna vez no estoy, mirad al cielo cada noche a las nueve en punto y decid: «*God bless you,* Aless». Yo os estaré escuchando, y volveremos a estar juntos —susurraste con un hilo de voz porque la emoción empezaba a embargarte.

Nosotros tampoco pudimos evitarla.

—No pienses más eso, por favor, que estamos con el ensayo y va a funcionar seguro.

Me miraste con dulzura sin decir nada, cerraste los ojos y te adormeciste.

Salí del hospital para ir al apartamento a ducharme, sin darnos cuenta habíamos entrado en la primavera. Pensé en ti, me sentía tan culpable de poder contemplar las flores que empezaban a brotar, de escuchar el silencio interrumpido por los trinos de los pájaros que parecían despertar de su letargo, culpable de sentir los rayos de sol en mi cara, de poder andar, correr, comer, beber, todo lo que no podías hacer por estar a tus veintisiete años condenado a una cama de un hospital. Pensé en la infinidad de cosas que hacemos constantemente cada día sin apreciarlo. Miré el teléfono y me recordó que era el Día de la Madre, conteniendo la emoción llamé a la mía, y regresé corriendo al hospital.

En el pasillo me paró el oncólogo para decirme que el ensayo no estaba funcionando, no quería escucharle, asentí y proseguí hasta tu habitación.

Continuabas con fiebre, muy débil, y estaban finalizando otra nueva transfusión de sangre. Me miraste con cariño y susurraste:

—Ven, mamá, hoy es tu día. —Me acerqué a la cama y me entregaste una rosa blanca y una nota que habías escrito a duras penas. No reconocía ni tu letra.

Mamá:
No sé qué sería de mí sin ti.
Eres mi persona favorita desde siempre y para siempre. No lo olvides nunca.
Te quiero,
Aless

La leí intentando contener un océano de lágrimas que brotaban del estómago.

—Gracias, hijo, es la carta más bonita que me han escrito en mi vida, te quiero —pude decir, abrazándote entre las sondas y vías.

Estabas empapado del sudor por la fiebre y el cuerpo te ardía; aun así, nos quedamos abrazados. Esa fue tu última carta.

Me cuesta ordenar esos días. Cada momento se entrelaza en mi memoria como en un laberinto sin final. La fiebre no remitía, me pasaba las noches poniéndote pañitos fríos en las muñecas, tobillos y frente.

Para ese momento, Alessandro padre se vino a dormir a la habitación con nosotros en un colchón que situamos en el suelo. Por las noches te escuchaba decir entre sueños:

—Lucha..., lucha...

Un lunes 11 de mayo salí hacia el apartamento, llevaba cinco días sin ducharme. Nada más llegar recibí una llamada de Alessandro padre, cada una de sus palabras eran como un lamento.

—Ana, ven corriendo, las cosas no están bien... Ven.

Por el tono de su voz entendí todo.

Cuando llegué, mis hermanas me esperaban en la recepción. Se habían desplazado desde Madrid con un permiso especial que les dieron en el hospital, porque en ese momento estaban prohibidos los desplazamientos por la pandemia. Alessandro padre había dado la voz de alarma para que me acompañaran, estaba preocupado porque una noche le confesé que si le pasaba algo a nuestro hijo no iba a sufrir ni un minuto, me iría con él. Abracé con cariño a mis hermanas en un profundo silencio de agradecimiento y subí corriendo a la habitación. En la puerta me esperaban el oncólogo y el padre de Aless, que me sujetó por los hombros.

—Ana, por favor, escucha al doctor.

El doctor casi no podía ni mirarme a los ojos. Haciendo un gran esfuerzo, tragó saliva y dijo:

—Lo lamento muchísimo, Ana, pero ya no hay nada que hacer...

Enmudecí sin poder reaccionar.

—¿Qué quiere decir? —pronuncié con un hilo de voz mientras Alessandro, el doctor y las paredes del pasillo comenzaban a girar lentamente a mi alrededor.

—Tu hijo está sufriendo mucho... Tenemos que iniciar esta noche con una sedación.

Su voz me empezaba a llegar desde muy lejos y me desplomé como una frágil muñeca de porcelana, cuyos pedazos rotos chocaron con el suelo a pesar de que Alessandro me sujetaba fuerte. El doctor me acababa de arrancar con sus manos el corazón.

—Esperé, doctor..., un momento... —balbuceé, levantándome del suelo, intentando entender.

Miré a Alessandro padre buscando consuelo.

—¿Qué hacemos? Dios mío... ¿Qué hacemos? Nooooo, por favor... Me quiero morir.

Alessandro me sujetó más fuerte por los hombros, y dijo:

—Ana, es lo mejor para él.

—Pero, por Dios, ¿cómo quieres que me haga a la idea de que en veinticuatro horas nuestro hijo se va a...? Alessandro, por favor... Tú siempre has sido más pesimista, te has ido haciendo a la idea poco a poco... Pero yo no. Le prometí que le iba a salvar... —pude pronunciar mientras me ahogaba en un sollozo visceral.

Siempre había encontrado una puerta a la esperanza durante los dos años del combate feroz de mi hijo, y en ese momento no sabía qué hacer con tanto miedo. El terror me paralizaba.

Salí corriendo por los pasillos del hospital, oía de lejos la voz de Alessandro llamándome —«Ana..., hay que tomar una decisión, ¡vuelve»!—, pero yo no escuchaba. Las lágrimas no me dejaban ver ni el suelo por donde pisaba. Salí a la calle, que estaba desierta por la pandemia, corrí gritando por la acera como una bestia salvaje, solamente quería huir, huir de la brutal realidad, corrí y corrí hasta que el aire ya no me llegaba a los pulmones y me estaba ahogando en mis propias lágrimas. Entonces pensé en Aless, en su valor, y que la demostración de amor más grande de una madre hacia un hijo estaba precisamente en ese momento en el que tenía que decidir que él muriera para que dejara de sufrir. Mi eterna negociación con la muerte y con Dios había finalizado.

En la puerta de la habitación continuaban el doctor y Alessandro esperándome. Desencajada y con la voz rota pude decir:

—Está bien… Haced lo que tengáis que hacer, pero no le decimos nada, quiero que se vaya en paz de esta vida que amaba tanto.

Aless, te he pedido perdón una y mil veces por esa decisión. Cómo te iba a decir que nos ibas a dejar, que ya no había nada que hacer, que ya no tendrías un futuro, ni amarías a una mujer ni conocerías a tus deseados hijos, no podía decírtelo… A ti, que pasaste por esta vida como un genio alado hechizando con tu alegría y vitalidad a todos los que tenías a tu alrededor. No podía…

Entramos en la habitación, la fiebre no había remitido. Estabas muy adormecido y nos situamos a cada lado de la cama. Abriste los ojos y me dijiste tan bajito que casi no escuchaba tu voz:

—Mamá, vamos..., que llegamos tarde al aeropuerto, pero a este viaje voy solo.

Y te volviste a dormir. En ese momento pensé que la altísima fiebre hacía que deliraras. Unos minutos más tarde volviste a susurrar:

—Dadme agua, por favor.

Alessandro padre y yo nos miramos, sabíamos que no debías beber desde hacía más de un mes, pero te dimos un vaso lleno de agua fresquita que tanto deseabas.

Te sujeté la cabeza para que pudieras hacerlo, pero no la acercaste a tus labios, nos pediste que nos aproximáramos, y con tu mano temblando derramaste unas gotas sobre nuestras frentes, fue tu bendición, y dijiste:

—Os quiero muchísimo.

Fueron tus últimas palabras.

Unos minutos después empezaron con la sedación, te abracé y solo pude decirte lo que tanto te gustaba oír cuando eras pequeño:

—Hasta mañana, mi vida, te quiero, que sueñes con cosas bonitas.

Mis hermanas pasaron la noche en una habitación continua que nos dejaron en el hospital. Su padre y yo nos sentamos a ambos lados de la cama, cogiéndole con un amor infinito de la mano sin soltarle en toda la noche. En la habitación reinaba un silencio plagado de un dolor oscuro. Miré por la ventana, el cielo se había llenado de estrellas rotas que lloraban sangre, el universo sangraba conmigo.

Al alba me introduje en la cama abrazando a mi hijo contra mi pecho. Volví a encontrarme en aquel hospital el día que nació, lloraba pegado a mi cuerpo hasta que nuestros corazones se sincronizaron, y entonces dejó de llorar, pero ya no era un recién nacido, tenía veintisiete años y su respiración era cada vez más lenta, su pecho se alzaba en intervalos cada vez más largos, como aleteos luchando en su última batalla. Me aproximé a su oído aprovechando que su padre había salido de la habitación un minuto y susurré:

—Hijo mío, sé que me estás escuchando. Necesito que sepas que me siento la madre más orgullosa del mundo, que es un honor y un privilegio ser tu mamá, no tengas miedo, jamás me separaré de ti. Tú también eres mi persona favorita desde siempre y para siempre. Dentro de muy poco estaremos juntos en El Manantial, contemplando esos mágicos atardeceres naranjas sobre el mar Mediterráneo que tanto amamos. Te dejaré la casa para que hagas el fiestón de tu vida con todos tus colegas, la podéis destrozar si queréis… Luna y Boby Puchúm te estarán esperando… Eres el amor de mi vida… Nunca lo olvides.

Mis lágrimas mojaban la cama, le abracé cada vez más fuerte, quería retener para siempre su olor único, que era una mezcla del rocío de las mañanas y flores silvestres. Acaricié con mis manos su piel para no olvidar jamás esa suavidad de terciopelo. Puse mi oído muy cerca de su corazón para grabar en mi alma eternamente sus latidos, cada vez más lentos y entrelacé mis dedos en los rizos que tanto amaba.

Su cara desprendía una belleza pálida llena de luz. Una paloma blanca se posó en la ventana, en ese momento, en ese preciso instante, mi hijo dejó de respirar, sus manos apretaron muy levemente las mías y una levísima sonrisa se dibujó en sus labios. Un resplandor mágico iluminó toda la habitación.

Te fuiste al mismo tiempo que la paloma alzaba el vuelo surcando el cielo, como tu alma. Nuestros corazones dejaron de latir también al mismo tiempo. Y me morí contigo.

Intenté mirarme en tus ojos por última vez, pero ya no estabas, yo tampoco.

Fuiste el gladiador que venció al cáncer y a la muerte con una sonrisa, tu combate había sido más largo que el tiempo, y mi joven guerrero de la bandera romántica y noble, que cautivó a todos, tenía que descansar.

Mi chico de las musarañas, tu partida fue como un rugido que desgarró las paredes del infinito, rompiendo el corazón de todos los que tuvimos la suerte de conocerte y de muchos corazones anónimos que lloraron con tu padre y conmigo. Ahora vives en la eternidad donde brillas para siempre, iluminándonos con tu lección de vida y amor.

Te fuiste un 13 de mayo y te llevaste la primavera al cielo. Parece ser que ese día necesitaban un héroe allá arriba.

Dos días después nos enterraron juntos.

Epílogo

La magia existe. Los magos somos nosotros.
Todo lo que nos rodea es magia.
Aless Lequio

Aquella noche del 13 de mayo de 2020, mis hermanas y Alessandro me llevaron sujetándome fuertemente por los hombros mientras atravesábamos un enjambre de *flashes* desde el hospital al apartamento de Barcelona. No puedo recordar nada de esas horas, que permanecen escondidas en algún lugar de mi mente, envueltas en una tenebrosa tiniebla. Hay un desorden perfecto en el que duermen cada segundo infernal del día más difícil de mi vida. Solamente recuerdo que me quedé horas abrazada a mi hijo hasta que me lo arrancaron de mis brazos para llevárselo para siempre. Mis hermanas, con todo su amor, me ayudaron y se ocuparon de todas las cosas terribles que hay que organizar después de un fallecimiento. Según ellas, hablé desde el hospital con la reina Sofía y el rey Juan Carlos, que nos llamaron cariñosos y emocionados para darnos el pésame. Vagamente recuerdo lo que hablé con ellos.

Al llegar al apartamento me encerré en la habitación. En mis manos sujetaba el móvil de mi hijo en el que había escrito su último *post* que no llegó a publicar, intenté leerlo con los ojos humedecidos:

Todo lo que haces en esta vida con amor tiene eco en la eternidad.

El problema más grande del ser humano —y el mío hasta que dijeron que tenía cáncer— es la manera de entender la felicidad, de ser feliz. Me he pasado veintisiete años de mi vida intentando ser el mejor estudiante, graduarme en la mejor universidad, montar empresas y sentirme un cowboy del capitalismo, siempre anclado en el «más es mejor». Todo muy bonito hasta que un día te dan la noticia y no sabes cuántos meses te quedan de vida. En un abrir y cerrar de ojos, te das cuenta de la importancia del «tiempo». Mejor aún, te das cuenta de con quién y cómo quieres invertirlo. ¿Cuántas veces he ido a jugar con mi hermanita pequeña? ¿Cuántas veces habré ido a estar con mi madre? ¿Cuántas veces la he colgado? ¿Cuántas invitaciones rechazadas al cine con mi padre? ¿¿Cuántas?? ¿¿¿Cuántas???... No soy nadie para darte un consejo, pero quizás, Dios no lo quiera, un día recibas una llamada desde el hospital después de hacerte un TAC, una placa o un análisis de sangre, invitándote a cerrar una cita con urgencia. Quizás ese día se sienten siete médicos delante de ti y, «bum», todas esas metas por ser un as se evaporan. Al final, solo te queda el tiempo y el amor que has dedicado a las personas que quieres, eso es lo único que te llevas...

Sobrecogida terminé de leerlo. Mi presente tenía la terrible realidad de la mayor de las tragedias, me mordía un dolor indescriptible, inhumano y de una naturaleza infinita. Necesitaba urgentemente desencadenarme de ese dolor para siempre.

Salí al balcón. Ni un solo rumor de vida agitaba el aire, las estrellas habían sido absorbidas por un cielo intensamente oscuro, las luces del mundo se habían apagado y solo me rodeaba la eterna e insufrible ausencia de mi hijo. Me sentía flotando en una nada infinita. Tenía todo planeado al milímetro desde hacía veinticuatro horas. En realidad, lo planeé el día que fui madre. Si mi hijo moría antes que yo, no sufriría ni un segundo: me iría con él.

Un séptimo piso, la decisión era firme. Mis lágrimas eran púrpuras, del color de la sangre coagulada, brotaban directas de mi corazón mutilado tiñendo mis mejillas. Me empiné sobre la barandilla que no era muy elevada. Si me lanzaba al vacío, seguiría viviendo contigo eternamente; si me quedaba en la tierra, me moriría en vida sin ti y no me quería morir. Saltar hacia el abismo era mi única opción para seguir viviendo. No podía pensar, todas las neuronas de mi cerebro habían paralizado su transmisión, en cada una de ellas cabía el cielo y el infierno juntos.

Alcé una pierna, pasándola al otro lado, mientras me sujetaba con las manos firmemente a la barandilla. Utilicé una fuerza desmesurada con los brazos que no cesaban de temblar y, aun así, tenía que darme prisa para que mis hermanas y Alessandro, que lloraban en el salón, no se dieran cuenta de mi ausencia. Entonces me dispuse a empezar el mismo recorrido con la otra pierna. Muy pronto estaríamos juntos, Aless.

En ese momento llamaron a la puerta, escuchaba a lo lejos la voz de Alessandro padre, como si me hablaran desde otro mundo, y sus palabras por un instante me devolvieron a la realidad.

—Ana… Ana... Abre la puerta, Ana… ¡por Dios! ¡Abre! —gritaba insistentemente cada vez más alto.

Cerré los ojos y empecé a marearme, perdiendo ese equilibrio que me mantenía sentada a caballo sobre la barandilla con un pie de puntillas en el suelo del balcón y el otro colgando en el vacío. Mi alma estaba debatiéndose entre en la realidad y mi salvación. No sé lo que imaginaría Alessandro, pero en ese momento dijo:

—Ana, por Dios, abre la puerta. Tienes algo importante que hacer. ¿Recuerdas lo que nos pidió Aless, su última voluntad?

Abrí los ojos. Las palabras de Aless en el hospital comenzaron a resonar en mi mente cada vez más alto. Un sudor frío me caía desde la frente hasta los ojos, juntándose con las lágrimas que nublaban mi visión. El mundo estaba borroso y giraba inevitablemente a mi alrededor. La calle que veía pequeñita desde arriba se había situado en el cielo y el cielo en la calle. Tu voz, pidiéndome que cumpliera tu última voluntad, se había convertido en un grito.

—¡Lo haré, Aless! —chillé lo más fuerte que pude para que me escucharas desde el cielo.

Respiré profundamente. Intenté serenarme, retrocediendo lentamente la pierna que colgaba hacia fuera para situarla de nuevo en el suelo del balcón, y entré temblando en la habitación.

Tu padre nunca supo que, en ese momento, tu última voluntad me salvó la vida. Se enterará leyendo estas páginas. Juro que en ese instante mi acto lo veía como una salvación, pero quiero dejar claro que el suicidio no es jamás una opción, ni en la peor de las tragedias que puedas vivir. Es una cobardía.

Durante tres años he guardado en secreto tu testamento, ese pacto que hicimos en el hospital que solamente lo sabíamos tu padre, tus tías y yo. He luchado sola en silencio para conseguir lo imposible y esa ilusión me ha perdonado la vida cada día de mis tres años de duelo por ti. Pero ha llegado el momento de desvelarlo, como decía Cervantes, «la verdad bien puede enfermar, pero no morir del todo», por eso declaro mi amor por la verdad y no podía acabar de contar nuestra historia de amor de una manera que no fuera transparente y sin filtros.

Te prometí que te salvaría y no pude cumplirlo. Te juré en el hospital que cumpliría tu última voluntad, y ese milagro se ha hecho realidad.

Pronto tendré en mis brazos a tu hija, mi nieta. Se llamará Ana Sandra. Mi corazón estallará de amor y emoción al abrazarla. Tendrá tu mirada, aquella que tanto brillaba de madejas de ilusiones y tus preciosos ojos color avellana. Heredará el don de tu sonrisa, franca y amplia, tu valentía, bondad, genialidad y alocada ternura. Será el milagro único jamás contado, fruto del amor infinito de una madre y un hijo, de un amor que traspasa todos los límites, uniendo el cielo y la tierra.

Por fin tendré un poquito de ti aquí conmigo y nunca jamás volveré a estar sola. Sé que serás el mejor papá del mundo desde el cielo y que ahora mismo estarás feliz y sonriendo. ¡Lo hemos conseguido, Aless! Después de tantos años, las infinitas lágrimas que tu madre ha derramado dejarán de ser amargas y se volverán dulces de felicidad. Le contaré cada día que su papá fue un héroe y que deseó desde lo más profundo de su corazón que viniera al mundo. Gritaré con inmenso orgullo al universo que es tu hija, sin esconder la verdad.

Cada noche a las nueve miraremos al cielo como me pediste tu último día en el hospital y como he venido haciendo cada noche desde tu partida y juntas gritaremos:

— *God bless you,* Aless.

Y en ese instante estaremos los tres juntos.

Mi chico de las musarañas, ya no continuaré agonizando en esta muerte lenta, ahora me vaciaré de paisajes dolorosos porque tu hija me prestará tu sonrisa y tu corazón. Ahora quiero vivirme.

Por tu hija. Por mi nieta. Por ti.

Agradecimientos

Gracias a Aless, esa estrella brillante lejana que un día fue mi hijo.

Gracias a mis padres, por abrirme con amor infinito la puerta a esta vida.

Gracias a Alessandro, sin él no hubiera sido la mamá de un héroe único.

Gracias a mis cuatro hermanos, y en especial a mis queridas Celia y Amalia, los ángeles que me prestaron sus alas cuando las mías se olvidaron de cómo volar.

Gracias al doctor José Baselga, nuestro ángel de esperanza. Espero que mi profunda admiración y cariño le lleguen hasta el cielo.

Gracias a todos los equipos sanitarios que nos acompañaron con tanto cariño en nuestro largo viaje a través del cáncer. A todas y cada una de las personas que nos cuidaron del MSK Cancer Center de Nueva York, del hospital Ruber Internacional de Madrid y del hospital Quirónsalud de Barcelona.

Gracias a mi adorada amiga Susana Uribarri por convencerme para escribir esta historia.

Gracias a Raúl Castillo, mi amigo del alma, por su abrazo constante de amor en cada instante de dolor.

Gracias a todas las manos anónimas, que con su empatía me sujetan con cariño a través de las redes y en las calles, permitiéndome compartir con ellos estos años de duelo.

Gracias a Olga Adeva e Isabel Blasco de Harper-Collins, sin su apoyo emocional y su «tira millas» ante mi inseguridad escribiendo, esta obra no hubiera sido posible.